# 歯医者が家にやってくる！

—「訪問歯科医」からの、歯の健康アドバイス—

笠松恵子著

かざひの文庫

# はじめに

みなさん、歯科医院には定期的に行かれていますか？

子供の頃は、学校で毎年定期健診がありましたので、虫歯があると分かれば、すぐに歯科医院へ行って、治療をされていたと思います。

大人になると、どちらかに分かれますね。

定期的に検診を受けている方と、虫歯がひどくなって、歯に大きな穴ができてから、また歯茎が腫れて痛くなってから、ようやく重い腰を上げて、歯科医院へ行くという方です。

お勤めをしていれば、日中に時間を取って歯科医院へ行くというのも難しいこともありますね。また、歯が少々傷んでいても生活にはさほど問題ないと思って、後回しにされる方も多いのではないでしょうか。

実はそれは、大きな間違いです。

若いうちはいいかもしれませんが、高齢になった時に、そのつけが一気にやってきます。

口腔ケアを怠ることで、重大な病気を引き起こすこともあるのです。

「え、そうなの⁉」「そんなの知らなかった！」

という声が聞こえてきそうですが……。でも安心してください。

この本では、後から後悔しないために、なぜ歯を大切に、健康にしていなくてはならないのか、そのケアをどうしたらいいのか。

そして「訪問歯科」について、詳しくお話ししていきます。

まずは、わたしのこれまでの経歴をお話ししましょう。

出身は栃木県です。元々、実家が歯科医院で、祖父と父が歯科医師でした。

子供の頃は、特に歯科医師になろうとは思ってはおらず、『インディジョーンズ』に影響を受けたわけではありませんが、「考古学者」になりたいという夢がありました。

考古学や歴史に関する小説を読むのが好きで、いつかは自分で何かを発掘してみたいなと思いを馳せていた女の子でした。

でもいざ、将来をどうするのか、進路の選択を迫られた時には、歯科医師を目指すようになっていました。環境もあったと思いますが、両親に認められたいという思いが強かったのかもしれません。

高校卒業後、東京の歯科大学に入りました。

わたしが入学した頃は、バブルの真っただ中でしたので、毎日が楽しく、本当にバラ色のような日々でしたね。

夏はテニス、冬はスキーという、当時よくあったサークルを楽しみ、夜は六本木で遊び、女子大生生活を謳歌していました。でももちろん、勉強もしっかりしていました。留年することなく、歯科医師国家試験に合格し、研修医を経て、晴れて歯科医師となりました。

初めは、一般歯科のクリニックで働きました。数年働いたのち、大学時代に出会った夫と結婚し、二人の子宝に恵まれました。

出産してからは、一度歯科医師の仕事はお休みして、育児に専念しました。その間、6

年ほどのブランクがありました。

下の子がちょうど小学校に入る頃でしょうか。大学の同級生から声をかけられました。

「週に1日でいいから、働いてみない？」

当時、その同級生は「訪問歯科」を専門に行う、法人のクリニックに歯科医師として勤めていました。主に老人ホームや病院などを回るクリニックでした。さらに同級生は言いました。

「早く帰れるよ」

その言葉がとても魅力的だったのは、言うまでもありません。

普通の歯科医院だとどうしても、診察時間の関係で、夜8時近くまで働かないといけませんが、この会社は、週1日のスポット勤務でいい上に、早く帰れると言うのです。

これなら、子育ての両立もできると思いました。

そのご厚意に甘えさせてもらい、一年目は週1日の勤務、次の年は週2日、その次の年は週3日と増やしていきました。四年目になる頃には、下の子も大きくなって、留守番ができるようになったので、フルタイムで働くようになったのです。

そしてわたしは、訪問歯科専門の歯科医師となっていました。

それから20年ほどが経ち、現在は訪問歯科をメインにやっているクリニックで院長をしています。

先ほどから「訪問歯科」という言葉が何度も出てきていますが、初めて聞いたという方も多いのではないでしょうか。

詳しくは本文でお話しさせていただきますが、わたしの周りでも、「訪問歯科って何？」という方がとても多いです。

まずはその現状を何とかしたいという思いが、この本を書くきっかけとなりました。

ご家族に介護を必要とする人がいれば、想像しやすいと思いますが、おむつを替えるとか、お風呂に入れてもらうとか、身体のケアのサービスはいくつもありますね。

もちろんドクターや看護師、言語聴覚士、理学療法士、作業療法士も入ります。時には精神科、皮膚科、漢方の先生、管理栄養士さんは介護食の作り方や食べさせ方の指導をしてくれます。

歯の治療や口腔ケアもその中に、当然必要なのですが、なぜだかいつも、一番最後に入ることが多いのです。

やはりそこには、訪問歯科の認知度不足もあると思います。

介護を受けて生活している方が、毎日生きる中で何が楽しみかというと、「食べること」が一番の楽しみだと思います。

でも、虫歯があって、歯が痛かったとしても、本人が何も言わなければ家族は気が付きません。入れ歯が壊れたまま、口の中に入れっぱなしということや、入れ歯が入っていたことすら、知らなかったということもあります。

そんな状態では、食事もままならないでしょう。そういうことをひとつでもなくしてあげるために、訪問歯科があります。

まずは、訪問歯科とはどういうものなのか知っていただき、さらには歯を大切にしておけば、こんなにいいことがあるんだよ、ということを知っていただければと思います。

目次

2章

# 訪問歯科医は見た

# 4章 口腔ケアの大切さとアドバイス

# 1章 訪問歯科医ってこんな仕事

# そもそも「訪問歯科」って何？

## ～訪問歯科が受けられる基準

「訪問歯科」と聞いたら、何を想像されますか？

２０２０年以降、コロナ感染症が流行し、医師の訪問診療やオンライン診療などが普及しました。それと同じように「歯医者も家に来てくれるんだ」と思われるかもしれませんね。でも今回、わたしがお話しする「訪問歯科」とは、健康な方が利用できるものではありません。

訪問歯科とは、病気や事故などにより、寝たきりになった方や、おひとりで歩いて歯科医院まで来ることに支障がある方に対して、歯科医師や歯科衛生士が、自宅や介護施設、病院等に訪問し、歯科診療や専門的口腔ケアを行うことを言います。

また、どこの歯医者を呼んでいいわけではなく、その訪問する自宅や施設から、半径16

キロ圏内の歯科医院と決められています。

高齢化社会となり、介護を受ける方たちも年々増えています。

介護度が高くなると、介護保険を利用し、ヘルパーさんや看護師さんなどが入れ替わり立ち代わり訪問して介護を受けている方も多いと思いますが、そのひとつに「訪問歯科」があるのです。この訪問歯科の対象は、高齢者だけではありません。

小児の方でも障害がある方や、病気を持って生まれてきた方もいらっしゃいますので、そういう方たちも対象となります。

実際、自分で動けない方を歯科医院まで連れて行くのはとても困難です。

まず車や車椅子が必要となりますが、自家用車で対応できないことも多く、その場合は介護タクシーを利用することになります。もちろん患者さんひとりで移動はできませんので、家族やヘルパーさんの付き添いが必要です。

無事、歯科医院に到着しても、歯科医院の入口まで階段しかなければ、患者さんを持ち上げなければいけませんし、中に入れても、ユニット（患者さんが座る椅子）に座らせるのがまた一苦労です。さらに、こういった患者さんの場合は、一般の歯科医院では受け付けてくれないこともあります。

わたしの知り合いの方でも、お母様がひとり暮らしをされていて、娘様が海外で生活されている方がいました。ある時、お母様を歯科医院に連れて行くためだけに、娘様がわざわざ帰国されたという話を聞きました。おそらく付き添いなどが必要と考えられたのでしょう。

こういう話を聞くと「もっと訪問歯科を利用してくれたらいいのに」と思うのです。

それぞれ事情があり、いつでも家族が付き添えるわけではありません。でも、訪問歯科を利用してもらえれば、家で寝て待っているだけで、歯科医師と歯科衛生士が訪問し、ある程度の制限はありますが、歯科医院で受ける診療とほぼ同じものを受けられるのです。

ではどうやって、訪問してくれる歯科医院を探せばいいのでしょうか。

直接、歯科医院に連絡いただくことも可能です。わたしのクリニックでも、年に数回、ご家族の方がホームページを調べてくださって、訪問を依頼したいと連絡が来ます。

でもそれはまれで、大概はケアマネージャーさんを通じて依頼を受けることが多いです。もしくは、かかりつけの内科医の先生が、口の状態を気にして連絡してくださることもあります。

やはり「半径16キロ圏内」という決まりもありますし、かかりつけの歯科医院が訪問診療に対応していない場合も多くあります。訪問歯科を依頼したい時は、ケアマネージャーさんか、地域包括支援センター、市町村の保健センター、歯科医師会に相談いただくといいでしょう。

「家に来てくれるのはいいけれど、どんな状態になったら呼べばいいの？」と思われますよね。虫歯が痛んだり、入れ歯が合わなくなったりした時はもちろんですし、虫歯がないかな、と検診だけでもかまいません。お口の中で気になることがあれば、ぜひ訪問歯科を利用していただきたいと思います。

特にお口の中で気を付けてほしいことを、チェックリストにしました。

訪問歯科を受けられる条件に当てはまる方で、リストにひとつでも気になることがあれば、ぜひ利用を検討してください。

チェックしてみよう！
あなたのお口の中は大丈夫⁉

□口が臭い
□虫歯があるようだ
□歯を痛がっている
□歯茎が腫れている
□歯を磨くと血が出る
□歯が揺れている
□歯が抜けた
□入れ歯が壊れている

□入れ歯が合わないようだ
□口の中が乾いている
□最近食べるのが遅くなった
□口から食べ物や唾液がこぼれる
□むせがある
□胃瘻《いろう》をしている
□しばらく歯医者にかかっていない

一つでも当てはまれば相談を！

# 家ではどんなふうに診療するの？
## ～家がそのまま「診察室」に

実際家の中で、どのように診療が行われるのでしょうか。

まず、わたしのクリニックの場合は、事前にご予約いただいた日時に歯科医師と衛生士が二人で訪問します。歯科医師がひとりで訪問されるクリニックもありますし、衛生士が単独で口腔ケアに周るクリニックもあります。

診療の仕方は、ベッドで寝ている方であればそのまま寝た状態で診療をします。可動式のベッドであれば、診察のやりやすい高さまで、上げさせてもらいます。

畳に布団を敷いて寝ている場合でも、そのままの状態でわたしたちが患者さんの周りに座って診療をします。特に体を起こしたり、無理やり椅子に座らせたりすることはありません。車椅子に乗っていられる方であれば、車椅子のままで診療します。

都度、その患者さんの病状に合わせた状態で診療を行います。

訪問時のわたしたちの恰好としては、よくお医者さんが着る白衣ではなく、動きやすい「スクラブ」という、半袖の丈の短い上着とズボンを着用することが多いです。さらにわたしは、探検隊がつけているようなヘッドライトを頭につけて治療をします。

「なぜ、頭にヘッドライト？」と思われますよね。

クリニックでの診療では、ユニット（椅子）の上に照明があるのでよく口の中が見えますが、家での診療ですとどうしても暗くて口の中が見えにくいのです。

さらに寝たきりの方だと口の開きの悪い方もいらっしゃるので、角度によってはまったく見えないことも多いので、そういう時はヘッドライトと衛生士が別に照らすライトを上手く使って診療します。

診察内容としては、おおまかにいうと、次のような流れです。

「お口の中の状態をチェック」
↓
「口腔ケア」
↓
「治療」

「お口の中のチェック」は、虫歯や歯周病、口内炎などがないかどうか、入れ歯による傷はないかを確認します。

「口腔ケア」とは、歯磨きをしてあげることだけでなく、お口のマッサージやお口のトレーニングも口腔ケアに入ります。うがいができる方であれば、うがいをしてもらいますが、それが難しい方は保湿ジェルなどを使って、口の中をスポンジやガーゼを使って綺麗に拭いてあげます。

「治療」は虫歯があればその場で削ったり、詰め物をしたり、あとは入れ歯の調整や新しく入れ歯を作ります。

歯を削る治療の時は、麻酔も行いますし、場合によっては現地でレントゲンを撮ることもあります。

治療のための機械も、クリニックから全て持参します。入れ歯を削る道具として、小さな切削用エンジンを持っていきます。

また治療内容によっては、ポータブルユニットという腰の高さほどの機械を持参することもあります。この機械は水を出しながら歯を削ったり、唾液や水を吸える道具が付いていますので虫歯の治療ができます。

このように、だいたいの治療は行いますが、インプラントや親知らずを抜くような大掛かりなことはしません。実はこれらは、使う器具の関係もありますが高齢の方にはお勧めできないものなのです。

さらに飲み込みが悪い方には、マッサージやお口の体操、食事のアドバイスもします。

診療時間はだいたい、30分から60分ほどとなります。

初めて訪問歯科が来るとなると、みなさん様々な心配をされますね。その中でよく聞かれるのが、「訪問時は何を用意しておけばいいですか」ということです。

患者さんのほうでご用意いただきたいのは、次の3点です。

○保険証
○介護保険証
○お薬手帳

必要な機械、器具類の他、患者さんの首元にかけるエプロンなども持参します。

わたしのクリニックでは現地へは、車で向かいます。わたしと衛生士のほかに、もう一人ドライバーがいて、そのドライバーが車を運転していきます。

駐車場についても心配される方が多くいらっしゃいますが、ご自宅に駐車場がなくても大丈夫です。

もし駐車場がおありであるようであれば、停めさせていただくこともありますが、ほとんどコインパーキングに停めたり、ドライバーが別なところで待機したりして対応しています。

また、家の前までの道が狭くて車が入れない場合でも、停めやすい所に車を停めて、わたしと衛生士が訪問先まで歩いていくという形をとっています。

ただ地域によって駐車場事情など、だいぶ状況が違うかと思います。

その他、歯科医師や衛生士本人が運転して訪問したり、自転車やバイクで訪問したりするクリニックもあります。

詳しくは、ご自身のかかりつけの歯科医院で確認いただくといいですね。

# 「お支払い」はその場で直収!?
## ～訪問歯科の費用

訪問歯科を受けたら、治療費や支払いがどうなるのか、気になるところですよね。

訪問歯科は、要支援・要介護認定を受けた方が介護保険を使って受診できますので基本「医療保険」と「介護保険」の適用となります。

先述した通り、歯科医院まで通院が難しい方が訪問歯科の対象となります。

あまりないとは思いますが、自費の義歯やホワイトニングなどの、そもそも保険適用外の治療に関しては、訪問歯科であっても保険適用にはなりません。

支払い方法については、わたしのクリニックでは、基本月に一度まとめて「口座引き落とし」にさせていただいています。

初回診療時に、一緒に銀行口座の引き落としの申し込みをしていただいています。引き落としの書類に銀行印を押さないといけないのですが、銀行印がどれだか分からなくなる方が時々いらっしゃいます。

介護の必要な状態になる前に、信用できる方にお伝えしておくことも必要なことかもしれません。

現金払いを希望される方がいらっしゃいますので、その場合は、後日振り込みか、現地で現金払いをしていただくようお願いしています。

以前は、その場で費用計算をして、その日の治療費を現地で現金払いをしていただくこともありましたが、その場で慌てて計算すると間違いが起こることもあるので、一度クリニックに持ち帰り、カルテを入力して次回訪問時に領収書を用意して、前回分の治療費をいただくようにしています。

「訪問歯科は、自身で歯科医院に行くより、費用が高いのでは？」

という質問もよく受けますが、治療費自体は通院いただくのと、ほとんど変わりません。ただ、訪問診療費や介護保険料などが上乗せになるのでその分高く感じますが、これらも保険適用内なので、それほど心配することはありません。また、交通費も特にいただいていません。

治療費については、規定の料金表がありますので、虫歯の治療だったらいくら、入れ歯製作だったらいくらと、事前にこれくらいかかりますよ、と説明させていただいて、契約書を交わしてから訪問させていただいています。

「わざわざ、契約書を交わすの？」

と思われるかもしれませんね。

介護保険を利用いただく場合は、契約書を交わす必要があります。

病院や特別養護老人ホーム、介護老人保健施設などにも訪問しますが、こういった施設に入院または入所している場合の訪問歯科は、介護保険の適用になりません。医療保険のみです。有料老人ホーム、グループホーム、サービス付高齢者住宅では介護保険の適用となります。

個人のお宅に訪問する時の診療費と施設にいらっしゃる場合の診療費は少し違ってきます。施設、病院にいらっしゃる方でもおひとりだけの診療の場合も、また費用が違ってきますので、担当の先生に聞いてみてください。

それぞれの条件や症状によって、訪問回数や支払い方法なども異なってきますので、詳しくはご自身のケアマネージャーさんや施設の担当者などにお尋ねいただければと思います。

# 訪問歯科を利用しない手はない！

## ～訪問歯科を受けるメリット

「訪問歯科」を受けるメリットとしては、次のようなことが挙げられます。

○自分で歯科医院へ行かなくていい、連れて行ってもらわなくてもいい
○家族など、介護をする方の負担が少なくなる
○歯科医師の適切な指導が受けられ、口の中を綺麗に保つことができる
○食事を美味しく食べることができる
○お口の中のことを相談できる

やはり、家で待っていて診療を受けられる、というのが一番のメリットとなるかと思い

ますが、その他にも介護をする方たちの負担を取ってあげられたり、歯科医師の適切な指導やケアを受けられたりするのもメリットのひとつと言えます。

そして、なんといっても「美味しく食事ができる」ということは、患者さんにとって最大のメリットではないでしょうか。


普段、みなさんが食事をする上で、何を基準にしてそのメニューを選びますか？

食べて美味しいものや自分の好きなもの、その時食べたいものを選びますよね。

でももし、「歯が痛くて噛めないから」と、食べるものに制限がかかったらどうでしょう。

急に食事の時間がつまらないものになると思います。

訪問歯科を依頼する理由で多いのが「食べる量が減った」「入れ歯が合っていない」「なんだか食べにくそう」「口が臭い」などです。

当然、寝たきりになると、自分で歯磨きすることができませんので誰かにやってもらわないといけません。

でも食事は毎日するので、歯を磨かずそのままの状態にしておいたら、とてもひどいことになると、容易に想像できるでしょう。

胃ろうの方も口から食べていないから口の中は綺麗でしょ、と思われるかもしれませんが、口を使っていないからこそ汚れるのです。わたしたちは食べたりおしゃべりをしたりすると、舌が動き唾液がでます。それによってお口の中が綺麗になるのです。これを自浄作用と言います。胃ろうの方はその口の機能をあまり使わないため、お口の中が汚れるので口腔ケアが必要になります。

いざわたしたちが訪問してみると、口の中が乾き、がびがびになった状態で、痰などが歯や舌の下など、口のあちこちに溜まり、とてもひどい状態だったということがよくあります。

また、入れ歯を壊れたまま使っている、ということもよくあります。

その状態で「さあ食べて、さあ飲んで」と言っても、入れ歯の安定が悪く本人も食べにくいですし、食事も美味しくないはずです。

さらに高齢になると、歯の神経が短くなり、痛みにも鈍感になります。若い人であれば、ちょっと虫歯になっただけでもしみたり、痛みを感じたりしますが、高齢になるとそれが分かりにくくなります。

周りの人も、痛みに気が付かず、たとえ虫歯があっても「痛くないなら大丈夫ね」とそのままにしてしまうことも多々あります。

虫歯がひどくなると、歯に穴があき、最終的には歯が根元から折れてしまうこともあります。そうなると、最悪抜かなくてはならないこともあり、もう後戻りできません。新しく再生して生えてくることはありませんからね。

部分入れ歯をしている場合、残っている歯にバネをかけるような形ではめますが、そのバネをかける歯は虫歯になりやすく、弱って折れることもよくあります。

それに気が付かず、バネが宙ぶらりんのまま部分入れ歯をはめていて、がたがたしたまま我慢して食事をしていた、という方もいました。

その時もケアマネージャーさんが、なんだか食べにくそう、ということでわたしたちのクリニックに訪問の依頼が入ったのですが、訪問して口を確認したところ、部分入れ歯のバネが折れただけでなく、なんと頬の内側を突き刺して傷ができていたのです。

それでも本人は、口が痛いなどと言えずにいました。おそらく、そうとう食べにくかったことでしょう。

歯がない状態で食べていると、食べ物が噛みきれないので、丸ごと飲み込むこととなり、誤嚥や窒息の原因になることもあり危険です。中には歯がなくても、器用に食べる方もいますが、それはあまりお勧めできません。

せめて、口の中だけでもしっかりしていれば、楽に食べさせてあげられることができますし、誤嚥も防げて誤嚥性肺炎の予防にもなるのです。

また、口が臭いと部屋中にそのにおいが充満してしまい、介護する方がそれを嫌がることもよくあります。子供さんやお孫さんなども、おじいさんやおばあさんがいる部屋に行きたがらないという話もよく聞きます。

それも、口腔ケアをすることで、口の中を清潔な状態で保てますので、においも軽減し、介護もしやすくなり、ご家族との時間をもっと長く持てるようになるかと思います。

それから、訪問歯科を受けてから外に出るのが楽しくなった、というお声をいただくこともあります。それまでデイサービスにあまり行きたがらなかったおばあさんに、新しい入れ歯を作ってあげたところ、気分が上がったようで「みんなに歯を見せてくるわ」と、ウキウキでデイサービスに出かけたという方もいらっしゃいました。

キラキラな前歯が入ればおしゃべりも楽しいでしょうし、大きな口を開けて笑うこともできますからね。口元にも張りがでて若く見えます。

おじいさんでも、新しい入れ歯に満足されたようで「イケメンだね」と褒めながら鏡で見せてあげたら嬉しそうにしていました。

それぞれの病状に差はあるとは思いますが、訪問歯科を受けて、歯をケアしていただくだけで、確実に生活のクオリティは上がると言えます。

## 訪問歯科医はここまでします　その①
### ～日々のスケジュールと訪問先

わたしのクリニックは、訪問歯科メインの歯科医院です。

歯科医院にもよりますが、多くは一般診療の合間に訪問歯科をする、という形態をとっています。

訪問歯科メインではありますが、クリニック内にはユニット（椅子）などもあり、実際患者さんがいらしても診療ができるようにはなっています。

足は多少不自由だけど、訪問でなくても大丈夫という方には送迎をし、クリニックにいらしていただくこともあります。

毎日のスケジュールとしては、朝9時から訪問がスタートし、夕方5時前にはクリニックに戻って、その日に診療した患者さんのカルテの記入や書類を書いたり、支払いの処理をしたり、事務作業をします。

訪問歯科は一般歯科より書類を書くことが多く、必要があればケアマネージャーさんなど連携しているサービスの方に報告を入れるような作業もあります。

だいたい日に、7軒～11軒の患者さんの家を訪問します。老人ホームに診療に行く日もあります。

わたしのクリニックには歯科医師が数人います。それぞれの受け持ちは、患者さんの日々の介護状況を鑑みて、スケジュールを組んでいきます。

できれば、距離が近い家を順番に訪問していければ、時間のロスも少なくてすみますが、そういうわけにもいきません。

例えば、AさんとBさんの家が近いから、そのまま続けて訪問したいなと思っても、スケジュールが合わずに、距離があるCさんの家に行ってから、またBさんの家に行くということもよくあります。

患者さんは、曜日ごとに様々なサービスが入っています。月曜はデイサービス、火曜はお風呂、水曜は内科の往診、ヘルパーさんの時間、リハビリの時間など。そのすき間を縫って訪問します。

事前にケアマネージャーさんから、日程表をもらって、それを基に訪問日と時間を決めていきますが、実はこの調整が意外と難しいのです。

訪問の時間は、ある程度患者さんの希望も考慮します。意外に午前中の診療を嫌がる人が多くいますね。

その理由で多いのが、まだ準備ができていないから、起きるのが遅いからなどです。

高齢の方は朝が早いイメージですが、そうでない方も増えている印象です。

その日のスケジュールによりますが、朝訪問に出ると、夕方までクリニックには一度も戻らないことがあります。

昼休憩は一時間とりますが、ゆっくりどこかで休憩できる時とできない時があり、移動中の車内で休憩したり、昼食を取ったりすることもあります。

一番困るのは、やはりトイレですね。

基本、患者さんの家でトイレは借りませんので、できるだけ水分を控えて、トイレに行く回数を減らしてしまうこともあります。

でも生理現象ですので、一度も行かないというわけにはいかないので、どうしてもの時は、公共のトイレや公園、場合によってはコンビニエンスストアでお借りすることもあります。ただコロナが流行っていた時は、コンビニでお借りすることが難しかったので、さらに不便な思いをしました。

老人ホームの診療の時、衛生士は口腔ケアやお口の体操を行い、わたしは虫歯の治療や入れ歯の調整、歯を抜いたりなどの治療を行います。

施設によっては、治療室や専用の部屋がある場合もありますが、みなさんが集まるフロアの一角をお借りしたり、患者さんの部屋に行って診療したりすることもあります。

お昼にはお食事の様子を見に行き、その方に合ったお食事の形態なのか、飲み込みの状態はどうかのチェックをして改善が必要なら改善をしていきます、

現在はこんなスケジュールで動いていますが、訪問歯科をし始めた頃は、訪問専門に行う法人のクリニックに所属をして、様々な病院や施設に行っていました。

そのクリニックは個人宅への訪問は少なく、慢性期の方が多く入院する病院や特別養護老人ホーム、有料老人ホーム、グループホームなどが主でした。

その中で、精神病院に行くこともありました。7～8年は通いましたでしょうか。様々な事情を抱えて入院されている方が多く、外出もままならないため、訪問歯科が呼ばれていました。

患者さんの年齢も様々で、高齢の方みたいに、身体が動かないとか、口が開けられないということはあまりなく、比較的治療もしやすかったです。

ただ精神的に落ち着かないことは多々あるので、話をある程度聞いてあげてから、診療

を始めていました。そうすることで本人もすっきりし、落ち着いて診療に入れました。

やはり普通の病棟とは違うので、何枚も厚い扉をくぐって閉鎖病棟に入ることもありました。暴れたり、隙をついて逃げ出したりする方もいますので屈強な男性看護師さんが扉の前に待機している中で、治療を行うこともありました。

でもみなさん、痛みがなくなって歯が綺麗になると、一様に嬉しそうにされていたのが印象的でした。


このように、様々な場所を訪問していると、本当にたくさんの人間模様を垣間見ます。それらの経験は全て、その後のわたしに役立っています。技術の向上もそうですが、わたしの人生の糧にもなっているような気がします。

# 訪問歯科医はここまでします！ その②
## ～女性医師の強みと小児の訪問歯科

厚生労働省のＨＰによると、令和２年時点で、全国の届出「歯科医師数」は１０７，４４３人で、「男」８０，５３０人（総数の75・０％）、「女」２６，９１３人（同25・０％）となっています。

訪問歯科に携わる女性歯科医師は多いと言われますが、もともとの絶対数が少ないので、なかなか女性歯科医師に診療してもらえないこともあるでしょう。

特におひとり暮らしの女性であれば、男性歯科医師が来たら、なんだか怖いということもあるかもしれません。

実際、男性歯科医師が嫌なので、女性歯科医師希望ということでわたしのクリニックには依頼が来ることもあります。現在わたしのクリニックはドライバーは男性ですが、歯科医師と衛生士は全て女性ですので、そういったニーズに、多くお応えしています。男性だから、女性だからと区別するのは、このご時世あまりよくないかもしれませんが、やはり女性歯科医師の強みはあります。

女性患者さんに安心感をもたらすとともに、治療外でも生活を見て細かいことまで目を配ることができます。

わたしが訪問時、治療の器具類の他に、必ず持参するものがあります。それは「文房具」です。

その中身は、はさみ、ホチキス、付箋《ふせん》、マジックインキの黒と赤、セロハンテープなど。「そんなものまで持っていくの？」と驚かれるかもしれませんね。実は、それぞれのものに意味があるのです。

まず付箋には、大きく次回予約日を書きます。「○月○日○時」と書いて、目につきやすいところにセロハンテープで貼ってきます。もしくは、カレンダーがあればマジックで丸をつけて「歯医者」と訪問時間を書き、予約日だということが分かるようにしてきます。

また、痛み止めや抗生剤などお薬が追加になった時は、お薬カレンダー（毎日の薬を分けて入れられるもの）に、セロハンテープで貼りつけるか、ホチキスで止めます。そのお薬をひとつひとつ切るのにはさみが必要、という具合です。

高齢の方だと、どうしても予約日を忘れてしまったり、薬を飲むのを忘れてしまったりするので、目につくところにメモを貼って、なんとか忘れないでもらうようにしています。

他にも、「入れ歯は、夜外す」とか、「入れ歯は、毎食後外して洗う」など、それぞれ注意してほしいことも付箋に書いて貼ってきます。

患者さんの家には、共有のノートが置いてあることが多いです。

その家に訪問したヘルパーさんや看護師さんなどが、その日行ったことや患者さんの状態などを記載し、情報を共有するものです。

訪問歯科はだいたい、あらゆるサービスが入って、一番最後に依頼されて訪問開始となることが多いので、だいたいノートが準備されており、それまでどんなことが行われてきたのかを確認できます。

わたしもその日に治療した内容や、入れ歯を新しくした、薬が追加になった、などとノートに記してきます。

このノートがあると、その日どんな症状だったのか、今後何を注意しなくてはいけないのかなど、一目瞭然となってとても便利です。

内科の先生などの往診時の様子なども記載があるので、安心して診療も行えます。

ここまで色々と、高齢者に対しての訪問歯科についてお話ししてきましたが、訪問歯科は体が不自由な小児に対しても行います。

わたしのクリニックでは小児の依頼はほとんどありませんが、実際小児の訪問を行っている先生のお話によると、小児には小児ならではの大変さがあるようです。

まず歯科医院に通院不可能な子供は、人工呼吸器を使っている子がほとんどだそうです。

例えば、脳障害、染色体異常、重症てんかんなどの疾患を持ち、歯科の受診を一度もしたことのない子も多くいます。

健常者であれば、学校での検診を含めて、人生のうち、何度かは歯科医院にかかったことがあるでしょうから、高齢になって、初めて歯科検診を受けたという方はほとんどいません。

また、依頼内容で多いのは、定期的な口腔ケアやフッ素塗布などの予防歯科で、嚥下指導や哺乳指導もあるそうです。

哺乳指導があるというのは、小児ならではの対応です。

さらに、全身管理がきちんとできている子供なら、基本的に外来でしていることと同じ治療も可能で、虫歯処置、乳歯の交換期の抜歯（術前に抗生剤の予防投与が必要なこともあり）、超音波スケーラーによる、歯石やプラーク除去も行うようです。

小児も定期的に口腔ケアをするだけでも、口腔内の環境がかなり良くなるそうです。

ただ、小児の障害児への訪問歯科診療は高齢者ほど普及していなく、志ある先生方が試行錯誤をされて診療をしています。小児は「成長」というものがあるので、それに合わせて診療をするため、高齢者とはまた違った大変さがあるということでした。

高齢の方も小児の患者さんも、できるだけ自分の歯を維持し、お好きなものを美味しく食べてもらうことが大切だと思います。

特に小児の方は、その先何十年とご自身の歯を使っていくことになります。成長途中の歯をいかに綺麗に保ち、将来的にたくさんの歯を残すことも課題になるでしょう。

そのためには、訪問歯科の利用は不可欠です。

障害があるお子さんをお持ちの国会議員の方も、積極的に活動をされているようですが、まだまだ一般的に知られていないのが現実です。

たくさんの人に、この現状を知っていただき、一人でも多くの患者さんが、訪問歯科を利用できるようになってほしいものです。

# やっぱり、コミュニケーションが大切！
## ～患者さんと家族の付き合い方

訪問歯科医として大切にしていることのひとつは、患者さんとそのご家族との関係です。

普段、口の中を他人に見せるという行為は、ほとんどしませんよね。食事をする時も口を閉じて食べますし、女性であれば大きく笑う時など、さっと口を押えて、中が全開にならないように注意することもあるでしょう。

それだけデリケートな部分を人に見せるわけですから、そこにはある程度の信頼関係が必要だと思うのです。

わたしはできるだけ患者さんの意志を尊重した治療を心掛けており、コミュニケーションをとりながら、できるだけやさしく、話を聞くようにしています。

仕事には一生懸命向き合いたいと思っているので、訪問先の玄関に入る時にかちっとスイッチを入れ、仕事モードとなって訪問します。

やはり、人対人の仕事になりますので、思い通りにいかないこともあります。中には頑固でこだわりの強い方もいらっしゃいます。

こんな治療は嫌、入れ歯も入れたくないなど。そういう時でも、できるだけ、その意志を尊重して、治療を進めていきます。

もちろん事前に、「治療をすれば、こういういいことがありますよ」という説明はしますが、それでも納得されなければ、強く説得はしません。

例えば、舌に癌のようなものができていたら、無理してでも病院に行ってほしいと説得はしますが……。

無理強いして治療しても、いいことはありません。後から「無理やり治療をされた」という思いで信頼関係が壊れてしまいます。

その代わり、患者さんのほうから、「これをしてほしい」と言われたら、できる限りのことは致します。

ご家族の希望も、できる限り受け入れるようにしています。

ご家族にお話しする時は、患者さんよりも少し踏み込んで、「こんな風な治療をしたほうがいいと思います」と説明します。

いくつか治療方法があれば、全て説明、提案し、最終的なご判断はご本人またはご家族に任せるようにしています。

これも、きちんと説明しておかないと「最初に説明がなかった」「こんなこと聞いていない」とお互い言った言わないで揉めるようなことになりますので決定事項は全て書面に残して、トラブルにならないようにしています。

もしも、担当歯科医師と合わないと感じるようなことがあれば、ケアマネージャーさんなどに相談して、別の歯科医師を探されたほうがいいでしょう。

やはり歯科医師と患者さんの相性もありますので、がまんして治療を受けていてもお互いよくありません。

実際わたしも、「先生と合わないようなので、別な歯科医師を探します」と連絡を受けたことがありました。

そういう時は、残念ですが「分かりました」と言って終わります。

「いい歯医者さんはどんな人ですか？」と聞かれることもありますが、説明をきちんとしてくれる歯科医師がいいと思います。歯科医師だけではなく他の科の医師にも言えることですが、何も説明がなかったら不安ですよね。

歯科医師は特に歯を削ったり抜いたりと、痛い作業を多くしますので、いきなり説明もなく口の中に機械をいれて治療が始まったら、それは怖いと思います。

まずはこれからどんなことをするのか、これによってどう症状が改善するのかなど、納得いくまで聞いてから、治療を受けていただきたいです。

もしそこで、歯科医師が面倒くさそうにしたり、嫌な顔をしたら、別の歯科医院に変更したほうがいいかもしれませんね。でもほとんどの歯科医師は、一生懸命治療にあたっていますので、安心してください。

依頼されたら、できる限りお断りはせずに訪問に伺うわけですが、これまで数回、「もうこれ以上、訪問での治療は難しいですね」と大きな病院での治療をお勧めしたことがありました。

その方は、90代の男性患者さんでした。

歯槽膿漏が進行して、だいぶ痛みもでていて、歯も持ちそうにない状況でしたが「何とかしてほしい」と要望がありました。

選択肢としては、歯を抜くか、そのままの状態を保つかの二択です。

ご本人に確認したところ、「歯は抜きたくない」と言うので、「だったら痛みもありますし、薬を飲んだほうが落ち着きますよ」とお伝えしたところ、薬も飲みたくないということでした。痛い原因の歯を抜いてしまったほうが楽になるかと思ったのですが、その方には持病がいくつかあり家で抜くのはリスクの高い方でした。

「薬が飲みたくないなら、大学病院で処置してもらったほうがいいですよ」と何度か説明しましたが、結局納得されず……。

もちろん痛みは増すばかりですので、痛くなるたびにクリニックに電話をかけてくるようになりました。日に何度も電話をかけてくることもあり、このままでは苦痛が長引くと思い、専門の先生に見てもらうようにお伝えしました。

納得した上での治療は大切ですが、その痛い状態をなくすためには訪問診療でできることとできないことがあります。そこはご理解いただけるとありがたいです。

そこには歯科医師と患者さん、また訪問であちこち回っているため、すぐに駆けつけることができませんのでご家族との信頼関係が不可欠です。

訪問歯科

## コラム①

# こんな機械を持って訪問します！

わたしたちが、訪問時に持参する主な機械を紹介します。

まず「ポータブルユニット」は、歯科医院のユニットと同様の機能があります。水を出して歯を削ったり、歯石を取ったり、外来診療と変わらない治療ができます。

だいたい、成人女性の腰くらいの大きさです。

もうひとつは「ポータブルレントゲン」です。

小型で簡単に持ち運べて、訪問先でもレントゲン撮影が可能です。充電式で、近くに電源がなくてもレントゲン撮影ができます。

その場ですぐに現像ができますので、ご家族も患者さんも一緒に写真を見ることができます。

写真を見ながら、現状をお話しすることができますし、治療する上でも、写真を見ることで正確に判断できるので、とても便利です。

家にいても、クリニックさながらの治療ができるというのは、患者さんにとっても安心ですね。

**ポータブルレントゲン**

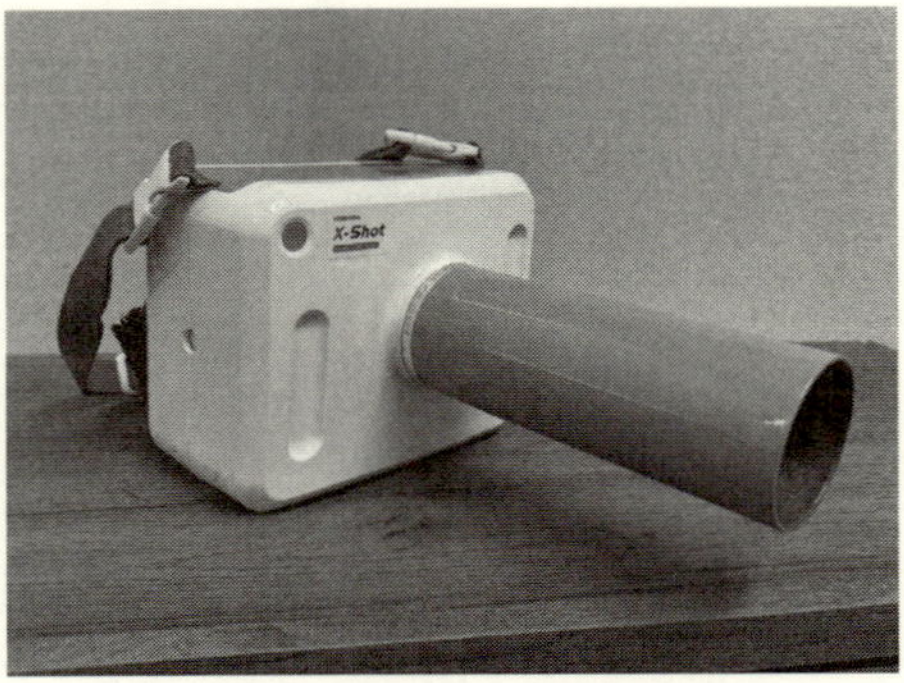


こういった機械をいくつか持参して訪問します。充電式のものも多いので、特に電源をご用意いただかなくても大丈夫です。

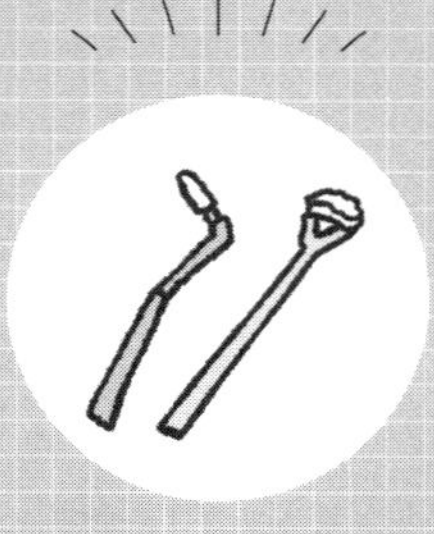

# 2章 訪問歯科医は見た

# タワーマンションは、とても気を遣う!?
## ～それぞれの家事情

わたしのクリニックは東京の江東区にあります。

その半径16キロ圏内が訪問診療の範囲となりますので、江東区・墨田区・江戸川区・中央区・葛飾区などが主な訪問の対象地域となります。

東京ならではで、戸建ての一軒家から、アパート・マンションまで、様々なお宅に訪問します。ご家族と同居されている方や、ひとり暮らしの方など、様々いらっしゃいます。

建物によっては、訪問してお宅の玄関に入るまでに、色々と手順を踏むことがあります。

その代表格といえば、タワーマンションです。タワーマンションは、とにかくセキュリティが高いですね。

まず、1階のコンシェルジュがいるカウンターで手続きをして、カードキーをもらい、何枚ものドアのロックを解除して、ようやく患者さんの玄関にたどり着きます。

特に、ひとり暮らしで寝たきりの方の場合は、ご自身で鍵を開けることができないので訪問時間が決められた日時になることが多いです。ご家族の来ている時間に来てほしいというのです。

みなさんが歯科医院にいらっしゃる時は「○時に予約」と時間を限定できますが、訪問の場合は、その前の治療の状況や交通事情もあるので、「○時に訪問」とぴったりの時間の到着は難しいです。

時間に遅れることや早く到着することもあるので、あえて、どの患者さんにも、○時～○時と幅を持たせて、予約時間を決めさせてもらっています。

また、タワーマンションというと「高級」というイメージがありますよね。

わたしも訪問するたびに、「ほんとに、すごいマンションね」と、建物を見上げながら感心してしまいます。

あるお宅では、そのイメージ通り、室内も広々として、家具や調度品も、とても高そうなものが置いてありました。

その部屋に機械を持ち込んで治療をするので、傷をつけたり汚したりしたらいけないと、「機械や道具はここに置いてもいいでしょうか」と、都度確認しながら、とても気を遣って部屋に入ったこともありました。

それから、治療で水を使うので洗面所をお借りするのですが、これまたとても綺麗なので、つい水の飛び散りが気になってしまい、水を使うたびに綺麗に拭き上げていました。

もちろんどのお宅にお邪魔しても洗面所は綺麗に拭いて帰ります。

ただ最近は、オートロックのマンションも多く、インターホンを押しても、患者さんが室内から解錠ボタンを押せず、エントランスに入れないということもよくあります。

そういう場合は、事前にケアマネージャーさんやご家族から家の鍵の受け取りについて確認しておきます。

またキーボックスを使っているお宅が多いです。わたしも訪問診療を始めてから、初めてキーボックスを知りました。ホームセンターで売っているのは見かけましたが、実際どのような時に使うのかは知りませんでした。

中には鍵をかけず、ドアが開いたままというお宅もあります。患者さんは、耳が遠い方も多いので、「入りますよー」と大きな声で声をかけて、中に入ります。

他にはエアコンの調整をしてあげたり、冷蔵庫からお茶をだして、飲むように伝えたりすることもあります。

これはさすがに、気心知れた患者さんのお宅の場合だけですが……。

困ったなあ、と思うお宅もありますね。

それは物が多く、掃除が行き届かない家です。

身体が不自由だと、自ら掃除をするのは、ほぼ不可能です。そもそも、健康な人でも掃除が苦手な人がいるくらいですからね。

ヘルパーさんが来て掃除をしてくれますが、全部の部屋を掃除する時間もなく、毎日ヘルパーさんが来てもらっていない方もいますのでどうしても汚れていきます。

そういった部屋でも、中に入って治療をしないといけません。嫌だなと思っても治療は必要ですので躊躇している暇はありません。

あまりにひどい時は、掃除をしてから治療を始めることもあります。

ある時は、床に物がたくさん落ちていて、踏んでしまうと嫌なので、まず掃除機をかけたこともありました。

またキッチンが汚すぎて、これでは入れ歯や歯ブラシをを洗ったりするのに効率が悪いと、ゴミをまとめたり、シンクの掃除をしたこともありました。

一番ひどかったのは、床にゴキブリやネズミの糞や飼っている犬の糞尿がそのまま放置されて、床がぶよぶよ湿っていたことですね。

それを経験してからは、使い捨てができるスリッパや、履き替え用の靴下も持参するようになりました。

患者さんには色々とご事情がありますので、自身でやれることはやって治療を始めるようにしています。

様々な経験をすると、それなりの対処法というものができますね。

それから、建物によっては、エレベーターがないこともあります。

これもなかなか、ハードな時もありますね。1、2階ならまだしも、3、4階になると、ふだんの運動不足もありますが、お宅に着いた時にはハアハアと息が上がってしまいます。

真夏の時はなかなか汗がひきません。コンパクトではありますが、機械や荷物を持参しなければならないので、それを持って階段を上るのは一苦労です。

それも発想の転換で、いい運動になる！　と思えば、気持ちも楽になります。

その状況に合わせて、臨機応変に対応するのも、訪問歯科医の大事な仕事なのかもしれません。

# 月に一度の、茶飲み友達

## ～人生の先輩から学ぶこと

患者さんによっては、その訪問をとても楽しみに待っていらっしゃいます。治療が楽しみというよりは、わたしたちとの「おしゃべり」が楽しみのようです。

あるひとり暮らしのおばあさんは、毎回お茶とお菓子を用意して、待っていてくださいました。

その方は寝たきりではなく、腰と足が悪い方で、おひとりで外に出ていくのは難しいですが、家の中では、ある程度自由に歩ける方でした。

頭もしっかりしているので、おしゃべりも大好き。それなので、治療が終わると、待ってました！　と言わんばかりに、お茶とお菓子を出してきて、おしゃべりタイムが始まるのです。次の予定もあるので、10分ほど世間話をしながら衛生士と一緒にお茶をいただきます。たくさんお菓子を買って用意されているので、おそらく他のヘルパーさんやリハビリの方々にも同じようにされていると思います。

他にも冬の時期に、こたつで一緒にミカンを食べようと用意してくださっていた方や、ちょうど昼時だったので、美味しいお蕎麦屋さんがあるからと、ざるそばを出前でとってくれた方もいました。

ヘルパーさんなど、事業所によっては、利用者さんから食べ物などはいただかないということもあるようですが、わたしのクリニックでは、ご不自由な身体なのにせっかく用意してくださったものなので、ありがたくいただくようにしています。

もちろんこれらは好意でされていることなので訪問時に必ずお茶が必要とか、そういうことではありません。

わたしたちからは、お礼というわけではありませんが、患者さんの誕生日に歯ブラシセットなど、相手が負担にならないような歯科グッズを差し上げたりすることはあります。

治療の合間や後に、貴重な話を聞くこともよくあります。

人生の大先輩ばかりですので、どの話もとても興味深いのですが、その中でも、一番心に残っているのは「イナゴの佃煮の作り方」を教えてもらったことです。

まず、イナゴを捕まえてきたら、1~2日、そのまま置きます。そうすることで、イナゴの体の中の糞が外に出ていき、中が綺麗になるそうです。中が綺麗になったら、今度は足のとげとげした部分と羽を取り、茹でます。その後に調味料を使って、佃煮にしていくそうです。

昔はよく「イナゴを食べた」という話を聞きますよね。

今ほどビルが立ち並ぶ時代ではなく、田んぼや畑がたくさんあった頃は、地域によっては、よくイナゴがとれたようです。

わたしも子供の頃、一度だけイナゴを食べたことがありました。

お友達の家に行ったら、なんとおやつにイナゴの佃煮がでてきたのです！

わたしの家では食べる習慣はなかったので、「えー、イナゴ食べるの!?」と驚きました。「さあ、食べて食べて」と、あまりに勧められるので断るのも悪いと思い、しょうがなく、足だけかじった記憶があります。やはり丸ごと食べるのはインパクトがありすぎて難しかったですね。

他には、自分の家のニワトリを絞めて殺して、焼いて食べたと教えてくれたおばあさんもいましたね。

昭和初期生まれのおばあさんたちは、みなさんパワフルですね。

そして、家事を一生懸命された方が多いです。でも今はリウマチなどで手が曲がってしまって、包丁が上手く使えないという方もいます。

そういう話から、「昔はよく、こんな料理を作ったのよ」と話してくださるのです。

わたしも料理を作るのが好きなので、毎回興味深く話を聞きます。調味料についても、とても詳しく教えてくださって、自分が作る料理に生かしたこともあります。

地方からお嫁に来たという方は、それぞれの地域の郷土料理の作り方をよく教えてくれました。

「鮒《ふな》寿し」の作り方を教わったこともありましたね。

鮒寿しは、滋賀県の伝統的な料理です。

琵琶湖でとれるニゴロブナを塩漬けにした後、炊いたご飯と漬け込み、自然発酵させます。発酵することで乳酸菌がでて、骨まで食べることができ、整腸作用もある栄養価の高い食べ物だそうです。

地方の料理は、そこに住んでいないとなかなか食べる機会もありませんから、毎回、そういうものがあるんだと、とても勉強になりました。

こういう話をされている間は、みなさん生き生きと楽しそうで、わたしまで元気をもらいます。

特に話をせず、ただ治療をして、行って帰ってくるということもできます。

もしかしたらそのほうが、もっとたくさんの患者さんの診療ができていいのかもしれません。でもひとつ踏み込んで、患者さんたちのお話を聞くことで、その方がどういったことを想い、何を大事にして生活をされているかということを知ることができます。

それを知ることで、より信頼関係も生まれていくと思うので、ただの雑談になるかもしれませんが、患者さんとのおしゃべりの時間は大切にしたいと思っています。

そして帰り際、「また来月ね」と笑顔で手を振る患者さんに、「また来月ね」と手を振り返すのも、とても大切にしたい瞬間だなと思います。

# まさかの、夏でも暖房32度！
## ～高齢者のエアコン

ここ数年、日本の夏は「猛暑」「酷暑」という言葉がしっくりくるようになりました。5月のゴールデンウイークを過ぎると、なんだか暑いなという日が増え、6月になるとすでに気温は30度超え。8月には40度近くとなり、外を歩いているだけで、命の危険を感じます。しかもその暑さが、10月くらいまで続くことも……。

アパレル業界では、暑い時期が早くに始まり、長く続いてしまうので、夏を2つに分けて、四季から「冬、春、夏、夏、秋」の五季制にして、服を展開する会社もあるようです。

さらに昔は、夕立がくると、気温が下がっていいなと思っていましたが、今はそんなかわいい雨の降り方ではなく「ゲリラ雷雨」という、大雨とともに雷も鳴り響いて、一瞬にして、道路が冠水するようなひどい雨の降り方となりました。

明らかに夏の様子が変わってきています。

また、「熱中症」という言葉も毎年ニュースで取り上げられますね。

子供たちは外での体育の授業や部活動に気を遣い、高齢者も室内で、熱中症にならないように注意喚起がされています。

厚生労働省の資料によると、2022年に熱中症で亡くなった人は1400人を超えており、そのうち、65歳以上の割合は、86・3％となっています。高齢者がいかに熱中症に気を付けないといけないか、よく分かる数字です。

また、都道府県別にみると、東京都が全体の4割ほどを占めています。もちろん人が多いのもあるかと思いますが、都市部は特に暑さに注意しないといけないのかもしれません。

室内にいながら、熱中症になる原因として「エアコンを使用していなかった」ということが、よく挙げられます。

わたしの患者さんでも、真夏にエアコンを使用していない人が、たびたびいます。

そういうお宅は、玄関の扉を開けた瞬間に、中から熱風が出てきます。「これはまずいな」と慌てて確認すると、窓は締め切った状態で、長袖長ズボンを着て、涼しい顔をして座って待ってらっしゃるのです。

すぐに冷房をつけて、「どうして冷房使わないの?」と聞くと、大抵「暑くないから」と返ってきます。また「エアコンは嫌いだから」という方も多くいます。

暑くないわけがないのですが、当の本人はいたって真面目な顔です。実は高齢の方は、体温調節が上手くいかないので、暑さをよく感じないのです。

さらにエアコンが入っていても冷房でなく、暖房が入っている時もあります。しかも温度は32度! その中で厚手のフリースを着ていたおばあさんもいました。

その時も慌ててすぐに、フリースを脱がせ、夏のカーディガンに着替えさせました。

そもそもエアコンを使うことを嫌う高齢者も多いですね。家族が何度忠告しても、電気代がもったいないから、エアコンは寒くなるからと使わないこともあります。

団地の上階に住んでいる高齢者は、風通しがいいからとエアコンを使用しない人も多いと聞きます。数年前の気温であれば、それで問題なかったかもしれませんが、40度近い気温になる今は本当に危険です。

高齢者は温度を感じない他に、喉の渇きにも鈍感になります。そうすると脱水症状となり、さらに熱中症になりやすい状況に陥ります。

その暑い部屋のテーブルにおにぎりが置いてあることもあります。それも食中毒の原因になるので、とても心配になります。

また、ご家族と同居されていても、ご家族が留守のうちに、リモコンで暖房にしてしまう方もいるようです。勝手に温度変更ができないように、リモコンを目につかないところに置いたり、外せないようにぐるぐる巻きにしたりして、壁に貼り付けて置くお宅もあります。

それから、古いアパートに住んでいる方で、まれにエアコンがないお宅もあります。扇風機はありますが、暑い空気の中で回しても、まったく意味をなしません。

そういう中での治療は、正直一番大変ですね。細かい作業もありますから、手先に集中します。そうすると、もう滝のように汗が出てきます。

「訪問歯科で一番嫌なことは？」と聞かれたら、迷わず、「暑い部屋の中での治療」と答えるでしょう。

高齢になれば、もちろんそれまで普通にできていたことができなくなったり、感じなくなったりしていきます。特にひとり暮らしの場合は、今何をすべきかという判断ができず、死に至ることもあります。

そうならないために、わたしたちのような、訪問して介護や医療を提供する者たちがフォローアップして、よりよい生活環境を整える必要があるなと、つくづく考えさせられます。

# 「デイサービス」や「ショートステイ」で気分転換 ~イレギュラーな対応

高齢になり、身体に不自由がでると、外出することも億劫になりがちです。ご家族だけでは、どうしても充分に対応できないので、「デイサービス」や「ショートステイ」を使ってみるのもいいですね。

これは患者さん本人だけでなく、ご家族にとっても気分転換になると思います。

まず、デイサービスとは、可能な限り自宅で自立した日常生活を送ることができるよう、自宅にこもりきりの利用者の孤立感の解消や心身機能の維持、ご家族の介護の負担軽減などを目的として行われています。日帰りで利用でき、半日や一日など、施設によって様々あります。

デイサービスの日は施設の方が大きい車で自宅まで来てくれます。帰りも玄関先まできちんと送ってくれますので、負担が少なくていいですね。

介護保険の点数にもよりますが、週1日から利用でき、多い方だと週5日通う方もいらっしゃいます。

デイサービスの送迎の時間は決まっていますので、その送迎の前や、帰宅してから訪問歯科の予約を入れることも多いですね。

その施設によって特色がありますが、リハビリをメインとしていたり、お風呂に入って、ご飯を食べたり、ゲームなどのレクレーションをしたりします。

中には麻雀を楽しみに通う方もいますね。

麻雀は頭も使いますし、他の人ともコミュニケーションがとれて、とてもいいですね。

お菓子などをかけて対戦するのも、楽しみのひとつのようです。

あるおばあさんは、デイサービスでお友達に会うのを楽しみにされていました。きっとおしゃべりが楽しかったのでしょう。他にもお花を活けたり、カレンダーを作ったり、季節を感じられるのもいいと仰ってました。


またショートステイは、宿泊ができるものです。ご家族が介護から少し離れたい時や冠婚葬祭などで遠方に行く時に利用されます。

デイサービスと同様に、食事介助、入浴介助、排せつ介助などを受けられます。

短期入所生活介護では、医療ケアを中心にサービスを受けられることもあり、ショートステイを利用したことで、以前より食事や入浴、トイレなど身の回りのことが自分でできるようになったという話もよく聞きますね。

やはりプロの手による介護は刺激となり、本人もできることが増えるのかもしれませんね。

ショートステイは、1泊～30泊まで利用できます。

基本、ショートステイに行かれている時は、訪問歯科の予約はいれません。

ただ、何泊もしている間に、急に歯が痛くなったとか、入れ歯が壊れたということもできます。

そういう時は、そのショートステイ先に訪問することもあります。

これはあくまでも緊急の時ですね。訪問歯科は、基本家に訪問することが原則になっています。


ただしデイサービス先には、訪問歯科は対応できません。

もしデイサービス先で、急に痛みが出た場合などは、一旦家に戻ってもらわないといけなくなりますので注意が必要です。

もしデイサービス先やショートステイ先で何かイレギュラーなことが起きたら、施設の方かケアマネージャーさんに相談してください。

# ありがとう、うんちが繋がりました！
## 〜噛むことの大切さ

もし、あなたの歯が、1本でも抜けてしまったら、どうしますか？

気になって仕方がない、という方が多いと思います。でも高齢になると、意外にも、抜けた歯をそのままにしてしまう人も少なくありません。

わたしの患者さんで、3本しか歯がない方がいました。

それなのに、その3本の歯だけで、器用に食事を続けていたのです。もちろん食べにくさはあるでしょうから、ある程度、食べるものに制限があったかもしれませんが、わたしたちが治療に入るまで、その状態でいたのです。

なかなかすごいことですよね。よく頑張ってたなと思います。

しかも上には上がいて、歯茎のみで、とんかつを食べる方もいました。

いくら柔らかいとんかつでも、ある程度の歯は必要です。歯茎だけで、どうやって噛み切っていたのか感心します。

これは性格なのかもしれませんが、あまり色んなことを気にしない性格の方は、歯がなくても食べられれば大丈夫と、そのままの状態を過ごされる方もいらっしゃいます。

ただ、歯茎で食事をすることはお勧めできません。

歯で噛むほど、細かく咀嚼はできませんから、どうしても食べ物を丸飲みしてしまうことになります。当然、窒息する可能性もあり危険です。

入れ歯をしていても、食べにくいのか、入れ歯を外して食べてしまう方もいます。たしかに本物の歯のようにはいきませんからね。

もちろん入れ歯をして食事をしてほしいのですが、どうしても嫌がる時は「外していいよ」と言います。

珍しいところでは、歯が1本もなく、歯茎でガムを噛んでいるおばあさんもいました。

最近よく見かける周りがコーティングされた固いガムではなく、やわらかい板ガムをくちゃくちゃと噛んでいたのです。それを見て、「あー、歯茎でもガムは噛めるんだ」と思わず感心してしまいました。

ガムであっても、噛むことはいいですね。唾液は出ますし、脳の活性化にもなります。最近のガムは、昔みたいに甘いガムではなく、キシリトール配合というものも多いですので、そういったものは虫歯になりにくくていいですね。

もうひとり、合わない入れ歯をずっと使っているおばあさんがいました。食事をしていても、上手く噛み切れなかったようで、だいたいのものを丸飲みしていたそうです。しかも、何年も下痢の症状があったとか。

わたしが治療に入り、新しい入れ歯を作ってあげたところ、とてもしっくりいったみたいで、それからきちんと噛んで食事ができるようになったそうです。

入れ歯を入れてから、しばらくしたある日、

「先生、ありがとうございます！」とお礼を言われました。

「なんのことかしら？」と不思議に思っていると、
「ちゃんと噛んで食事をするようになったら、10年ぶりにうんちが繋がったんです！」
と、おばあさんが嬉しそうに言うのです。わたしもなんだかうれしくなって、
「それはよかったねえ」と一緒に喜びました。

あまり咀嚼できず、丸飲みしていたことで、消化不良を起こし、腸がきちんと動いていなかったのでしょう。その後おばあさんは、元気もでてデイサービスにも行くようになり、ご家族も大変喜んでいらっしゃいました。

こういう話を聞くと、訪問歯科に携わっていて、本当に良かったと思います。

この方の場合は「噛む」ことに問題があった方なので、飲み込む力はあったため、誤嚥もしないでそれまできていました。そのため、飲み込む機能や舌を上手く動かせない方は、入れ歯を治したり、新しく作ったりしても上手くいかないこともあります。

ただ、寝たきりや車いすで生活している方は、便秘になる方も多いですね。

それはまず、運動不足が大きな原因のひとつです。また、食事も偏り、菓子パンなどで、簡単に済ませてしまうので、腸が上手く活動していないのだと思います。

そうかと思えば、同じような生活をしていても快便な方もいらっしゃいます。体質なのか、腸内細菌の問題なのかなと思います。

やはり、きちんとしたものを口から噛んで食べて、便として外に排出させるというのは大切なことです。

噛むことで脳も活性化しますし、唾液も出て、腸にも「食べてるぞ！」という信号がいくので、腸も動き、胃酸も出て、いいことばかりです。

体の健康は、「口の健康が全て」と言ってもいいかもしれませんね。

# 犬が入れ歯をナイスキャッチ!?
## ～訪問は予期せぬことばかり

訪問歯科をしていると、予期せぬことに遭遇します。

何度か、約束の日時に訪問したところ、お葬式の祭壇準備ができていた、ということがありました。

診療する予定だった患者さんが、亡くなっていたのです。

訪問するまで、誰からも連絡が来ておらず、その時はさすがにびっくりしましたね。事前に連絡してほしいと思ったりもしますが、それだけ急だったのかもしれません。

この亡くなった方も、ひとり暮らしだったので、おそらく亡くなっているところをヘルパーさんが発見して、ケアマネージャーさんに連絡したのだと思います。

きっと、ばたばたして誰も訪問歯科の予約が入っていることまで気が付かなかったのでしょう。

介護が必要な方ばかりなので、急に容体が悪くなる方も、もちろんいます。実際わたしも、そういう場面に直面したことがあります。

いつも通り訪問して治療を始めようと準備をしていたら、酸素濃度が低く、また血圧も低く、なんだか肩で呼吸をするような感じでとても苦しそうでした。

「これはちょっと危ないかもしれない」と思い、すぐに患者さんのかかりつけのドクターに連絡しました。すぐにドクターや看護師さんが駆けつけ、病院に運ばれましたが、残念ながら、数日後にお亡くなりになりました。

わたしは歯科医師ではありますが、長年訪問歯科をやっていると、患者さんの危険な状態というのは、なんとなく分かります。

また、ペットを飼っているお宅もよくあります。治療中に、犬や猫などが、わたしの膝の上に乗ってくることも。

わたしは動物が好きなので、特に問題なく治療を進めますが、歯科医師によっては苦手な人もいますので、そういう先生は困るかもしれませんね。おそらく顔に出さずに、そのまま粛々と治療を続けていくとは思いますが。

その犬の話で、ひとつ忘れられないエピソードがあります。

その患者さんは、総入れ歯をしている方でした。

ある時、くしゃみをしたら、その入れ歯がポン！　と外に飛び出してしまい、どこに行ったか分からなくなったそうです。

おかしいねえ、と家族総出で、家の中をあちこち探していたところ、なんと飼い犬が、その入れ歯をあぐあぐ噛んでいたそうなのです！

犬にしてみたら、飼い主のにおいがついた入れ歯が愛おしかったのでしょう。

ただ、いくら自分の飼い犬でも、一度犬がぺろぺろ舐めた入れ歯を装着するのは抵抗がありますからね。その方には、新しい入れ歯を作りました。

ちなみに、くしゃみをしただけで入れ歯が外れたり、食事をしている途中に入れ歯が外れたりすることが時々ありますので、注意が必要です。

さらに施設では、こんなことがありました。

老人施設などには、近所の幼稚園などから子供たちが、劇や歌などを見せに慰問に行くかと思いますが、「実はそれが嫌い！」と言うおばあさんがいたのです。

慰問の時間になっても部屋から出ないので、

「見に行かないの？」と声をかけたところ、

「あたし、そういうの好きじゃないから。年寄りがみんなそれを楽しみにしてると思ったら大間違いだよ」と言われたのです。これもびっくりしました。

まあたしかにそうですよね。人によっては、そういうのが苦手な人もいるでしょう。

こういう風に、自分の意見をきちんと言える人はいいですが、中には周りを気にして言い出せず、いやいや付き合う方も多いのかもしれません。

それから、施設ではカラオケ大会などもあって、それを楽しみにしている方もいらっしゃいます。

みんなで順番に歌うものと思っていましたが、一度マイクを握ったら何曲も続けて歌う方もいるそうで、

「あたしも歌いたかったのに……」と診療時に言っていたおばあさんもいました。

後日、マイクを放さなかった本人には、

「○○さん、歌いたかったって言ってたよ。今度はマイクを回してあげてね」とお伝えしておきましたが……。歌いたがっていたおばあさんもそこそこ何曲も歌っていたというオチでした。話は両方から聞かないとだめですね。

やはり施設には、たくさん人がいますので、予期せぬことも色々ありますね。

# 施設のおばあさまは、今日もお盛んで
## ～恋もお買い物も楽しくね

老人施設にいるおばあさんの中にはお元気な方も多くいらっしゃって話好きな方も多く、治療の合間に話をすることもよくあります。中には噂好きな方もいらっしゃって……。

あるおばあさんは、特に噂好きで、施設の人間関係や職員さんのプライベートなことまで、本当によく知っていました。

わたしが訪問に行くたびに、新しい噂を仕入れてきてくれるので、わたしも「へえ、よく知ってるね」と楽しく聞いてあげています。女性の噂好き、おしゃべり好きはいくつになっても変わりませんね。

また、恋愛に夢中になるおばあさんもいますね。ある施設では、ひとりのおじいさんを巡って、ふたりのおばあさんが恋愛バトルに発展したこともありました。

まさかと思いましたがエキサイトしたおばあさんたちが喧嘩になってしまい、ひとりのおばあさんが怪我をしてしまったのです。

恋する気持ちがあるのは若い証拠でいいのですが、相手を傷つけてしまうのはいけませんね。

それから、年配の医師や歯科医師に恋をするおばあさんも多くいるようです。

男性の先生たちが訪問する日になると、おばあさんたちが色めき立つのです！

みなさん、余所行きの服を着て、メイクもばっちり決めて、スタンバイをしています。

中には、かつらを選ぶのに手間取って、なかなか部屋から出てこない人もいるそうで。職員さんが心配になって、その方の部屋を見に行くと、たくさんかつらを広げて、あーでもないこーでもないと言いながら、試着していたそうです。少しでも綺麗に見せたいんですね。

他には、若いイケメンの職員さんの言うことなら、なんでも聞くというおばあさんたちもいましたね。たしかにわたしへの態度とは全然違うんです。

ちなみにわたしは、おじいさんたちから言い寄られることはまったくありません。歯科医師だと、何をされるのか分からなくて怖いようです。看護師さんや歯科衛生士さんのほうが優しく見えて、いいみたいですね。

有料の高級老人ホームになると、さらに元気な方が多い印象です。そして入所者に対してのサービスも充実しています。

施設の行事で屋形船に乗ったり、高島屋や三越などのデパートが、商品を直接販売にやってきたりします。洋服から身の回りの物まで、とにかくたくさんのものを持って来ます。

ある老人ホームには出張販売業者が来ていたこともありました。嬉しそうに、山ほどお菓子を買い込んでいる方も多くいましたね。

そういう買い物の日に訪問歯科が一緒になると、もうみなさん治療どころではなくそわそわしていますので、できる限り予約を当てないようにします。

ここ数年コロナもあり、外出もしにくく、夏も暑くてなかなか外に出られないことも多くあります。こうして業者の方々が販売に来てくれるのは、とてもいいことですね。

身体の自由もなかなか利かなくなってきた高齢者のみなさんに、楽しみを提供することは、とても大事だと思います。あと何日でお買い物ができると思えば、毎日の生活にも張り合いも出るでしょう。

また以前、化粧品メーカーさんがメイクアップ教室を開き、一緒にメイク道具を販売することもありました。

普段、メイクをすることが少ないおばあさんも、美容部員の方に綺麗にメイクをしてもらって、見違えることも。女性ですから、お洒落をすると楽しいですもんね。

「まあ、ずいぶん綺麗になったわね」

と褒めると、みなさん嬉しそうな顔をします。

以前は、化粧品メーカーも、これから就職をする大学生を対象にメイク教室などを開催していた印象ですが、今の若い子たちは雑誌や動画などを見て、子供の頃からメイクに精通しています。もしかしたら、こういう老人施設に訪問するほうが、需要があるのかもしれません。

他にお洒落といえば、美容師さんが月に1〜2度訪問して、カットやカラーをしてくれたり、ヘルパーさんがネイルをしてくれることもあるようです。カットしただけでも、気分が変わりますし、特にネイルをしたおばあさんは、手をキラキラさせて、嬉しそうですね。手元が綺麗だと本当に元気になりますから。

こういうちょっとしたことで、気分が上がってご機嫌に過ごしてくれたら、とても嬉しいですね。

本当は自宅で生活したい人も多いはずです。でも様々な事情があって施設にいらっしゃいます。せっかくですから、少しでも日常に近いような状況で、楽しく過ごせてもらえたらいいですね。

訪問歯科
コラム②

## 「こんな時代もありました　～わたしの失敗談」

さすがに今は、治療中に何か失敗することは少なくなりましたが、若かりし頃のわたしは、いくつか冷や汗をかくような失敗をしたことがあります。

ひとつめは、新人だった頃の話です。まだ訪問診療に入りたての頃で、入れ歯の修理のために、修理材を入れ歯の内側に塗って、緩くなった入れ歯を口の中に戻して調整する、という作業をしていました。

その修理材は、ちょっとタイミングを間違えるとすぐに固まってしまうもので、気温によっても左右され、暑いと固まるタイミングが早まるものでした。

その時、わたしは油断をしてしまったのか、気が付いたら修理材が固まっていて、入れ歯が、患者さんの口から外れなくなってしまったのです。

「え！　どうしよう！？」と焦りました。とにかく外さないといけません。時間がない中、汗だくになりながら、入れ歯の周りを削って削って、なんとか外したということがありました。その間、患者さんは静かに耐えてくれていましたね……。

口の中で入れ歯を削るということはほとんどしませんので、本当に申し訳なかったです。

もうひとつは、精神病院での話です。銀歯を歯にはめて調整した後、セメントを付けようと、歯からその銀歯を外そうとした時に、うっかり喉の奥に落としてしまったのです。

「あ！」と思った瞬間、患者さんがごくりとそれを飲み込んでしまいました。

そばにいた看護師さんも慌てて「飲み込まないで！」と言いましたが、時すでに遅し……。

「すみません。わたしが落としてしまいました」と平謝りでした。

小さい銀歯は飲み込んでも、自然と便と一緒に出てくるので、大丈夫ではあるのですが、また型取りをして、新しく銀歯を作らないといけないので、患者さんには迷惑かけました。

それから万全を期して、特に高齢の方の場合は、口の中にガーゼを敷いてから、こういった作業をするようにしています。

思い返すと今でも冷や汗が出るような失敗でした。

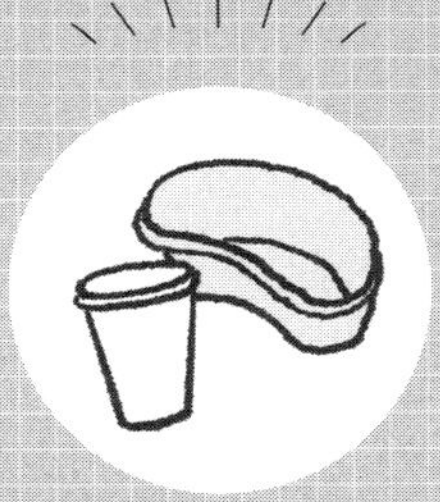

# 3章 介護問題のリアルと改善案

# 高齢者の「歯」の実情
## ～「オーラルフレイル」と「8020運動」

「フレイル」という言葉はご存じですか？

最近新聞やテレビで取り上げられ、行政の健康セミナーなどでも使われることも増えたので、耳にしたことがある方も多いでしょう。

フレイルとは、加齢や疾患によって身体的、精神的な様々な機能が徐々に衰え、介護状態になる一歩手前のことを言います。

わたしたちの健康状態は次のような段階に分けられます。

健康　↓　前フレイル　↓　フレイル　↓　要介護

歩いたりはできるけど、杖をついたり、物忘れがひどくなってきたり、介護まで行かないけど、最近弱ってきたような時に「全身のフレイルですね」という言い方をします。

口の中の衰えのことは、「オーラルフレイル」と言います。

オーラルフレイルとは、健康と機能障害との中間にあり、可逆的であることが大きな特徴のひとつです。つまり早めに気づき、適切な対応をすることでより健康に近づくのです。


オーラルフレイルは、フレイルより前段階の前フレイルに区分されます。

この本を読んでくださっている方は、まだ健康な歯をお持ちの方が多いと思いますが、その状態を80～90代まで保つというのは、なかなか難しいことです。

１９８９年（平成元年）、国と日本歯科医師会では、

「80歳になっても20本以上自分の歯を保とう」

という運動【８０２０（ハチマルニイマル）運動】を推進し始めました。

20本以上の歯があれば、食生活にほぼ満足することができると言われています。

そのため、「生涯、自分の歯で食べる楽しみを味わえるように」との願いを込めてこの運動が始まりました。

では実際、高齢者の歯の実情はどうなっているのでしょうか。

厚生労働省の「令和4年歯科疾患実態調査結果」によると、75歳以上の平均喪失歯数は以下のようになっています。

75歳～84歳　11・2本

85歳以上　14・1本

わたしたちの歯は、上下合わせて（親知らずを抜いて）、28本ありますので、85歳以上になると、実に半分の歯がなくなっているといえます。

ただ、8020運動を推進したことで、20本以上の歯を有する人の割合は上がっています。

平成11年　75歳〜79歳　17・5％
　　　　　80歳〜84歳　13・0％
令和4年　75歳〜79歳　55・8％
　　　　　80歳〜84歳　45・6％

どちらの年代も、3倍強増えています。運動の成果が出ていると言えますね。

そもそも日本は健康保険制度が充実していますし、歯科医院もたくさんあるので、だいたいが虫歯の痛みが出てからようやく歯科医院へ行く、という人が多いのではないでしょうか。

そういう考えも根強くあるので、介護する人たちもあまり患者さんの口の中まで気にすることが少ないです。それがより高齢者の歯の悪化に拍車をかけています。

最近では、予防に力を入れる歯科医院も増え、定期健診のお知らせを送付することも多いですね。定期健診では虫歯はもちろん、歯茎の炎症、歯ブラシの当たり具合も確認してもらえます。また、クリーニングをしてもらうと、歯がつるつるしてとても気持ちがいいです。

このようにメンテナンスをしていれば、80代を超えても、歯をそのまま保つことも可能になります。定期健診も費用がかかりますので、もったいないなと思われるかもしれませんが、逆にこれらを怠ることで病気になり、高齢になってから、入れ歯製作の費用や歯周病の治療代など、歯科治療の費用負担が増え時間もかかるので、結局損してしまうことが考えられます。

介護が必要になってからだと、自分での歯磨きや通院もままならなくなります。

そうならないためにも、ぜひ今のうちに、歯の大切さを考えてみてほしいですね。

# 施設のヘルパーさんは外国人が多い!? ~介護職員の現実

介護施設などの職員の人手不足は、だいぶ前から問題になっています。わたしが訪問する施設でも、人材を確保するのに四苦八苦されています。

少子高齢化ということで、労働者自体が減っていることもありますが、仕事の割にはお給料が安いというのも、なり手が少ない理由のひとつです。

先日一緒になったベテランのケアマネージャーさんも、

「給料が大卒のうちの娘の初任給と、同じなのよ」と仰ってました。

話を聞くと、特に老人ホームは仕事が大変そうです。

日勤の他、夜勤対応もあります。夜中でも、入所者さんが大声を出したり、うろうろ徘徊したりすることもあり、常に緊張感を強いられるようです。

また、腰ベルトをされている方も多いですね。動けない利用者さんの場合は、ベッドから車椅子に移動させたり、おむつを替えたりするのは、結構な重労働です。

わたしも診療していて、ぎっくり腰を何度かしたことがあります。

診療中は、ベッドの患者さんをのぞき込んだり、和室だと、膝をついたまま治療をしたりと、姿勢が悪い状態で作業をすることが多いので、どうしても腰にきます。

介護職をされている方は、みなさん心優しい方が多く、やりがいを持って仕事をされていますが、その仕事の大変さから身体を壊したりして、泣く泣く退職をされる方も多いと聞きます。


介護職員の数は、2022年には215万人と言われていますが、これから介護される人が増えるため、2025年度には、約240万人の人材が必要になるとされています。

さらに、団塊ジュニアの世代が高齢者となる2040年度には、270万人の介護職員が必要になる見通しで、人材を確保できなければ介護保険のサービスを十分に提供できなくなる可能性もあるのです。

国もこの事態に危機感を持っているようで、何とか人材を確保しようと、様々な対策を打ち出しています。

「介護職員の処遇改善」「多様な人材の確保・育成」「離職防止・定着促進・生産性向上」「介護職の魅力向上」などです。さらに、「外国人材の受入環境整備など総合的な介護人材確保対策」という取り組みを進めています。

これは、外国人の労働力が増えたこともあり、その力を介護の現場に取り入れようとするものです。

わたしが訪問する施設でも、たくさんの外国人ヘルパーさんがいらっしゃいます。みなさん日本語も上手で、とても熱心に働いています。そして利用者さんに対して、とても優しく接しています。

「外国人雇用状況」の届出状況のまとめによると、2023年10月現在、医療、福祉のうち社会保険・社会福祉・介護事業で働く外国人労働者は約9万人と発表されています。今後もその数は増えていくことでしょう。

施設の職員もそうですが、訪問介護の分野でも、人手不足は慢性的です。

これまで、訪問介護に携わる外国人は限られていました。

個人宅の場合は、患者さんと1対1になることも多く、他の職員に助けを求めることができないので、技術や語学がある程度できないといけないようでした。

ちなみに、国内で介護サービスに従事することができる外国人の在留資格は、主に4種類あります。

特定活動（EPA介護福祉士）

介護
技能実習
特定技能

このうち訪問介護への従事が認められているのは、「特定活動（ＥＰＡ介護福祉士）」と「介護」の７００人あまりに限られていました。

ＥＰＡ介護福祉士とは、ＥＰＡ（経済連携協定）に基づき、日本の介護施設で就労と研修をしながら、日本の介護福祉士の資格取得を目指す外国の方々のことです。その対象国としてインドネシア、フィリピン、ベトナムの３ヶ国があります。

東南アジア系のヘルパーさんが多いのは、こういった制度があるからかもしれませんね。

そして今年6月、厚生労働省は審議会で、「技能実習」や「特定技能」などの外国人の方も条件を満たせば、訪問介護の従事を認める方針を示し、了承されました。

その条件として、従事する外国人の方が、介護技術を学ぶ「介護職員初任者研修」を修了していることとし、その上で介護事業所には日本の生活様式やコミュニケーション方法を学んでもらう研修の実施、一定期間、職員が同行して必要なトレーニングを行うことなども求めています。

早ければ、2025年度にもこのサービスが開始されるそうです。

たしかに、ここ数十年で、コンビニエンスストアや飲食店には、たくさんの外国人の店員さんを見かけるようになりました。

コンビニもとても便利になり、商品を売るだけでなく、宅配の受付や各種チケットの受け取りなど、様々なサービスを提供していますが、外国人の方たちが、それらを手際よく仕事されているのを見るとすごいなと感心します。

外国人の労働力は、どの分野においても、今後必要不可欠となるでしょう。

特に介護の現場は大変です。国も事業所に丸投げすることなく、確かなフォロー体制を敷いて、ヘルパーさんたちの労働環境を整えてほしいなと思います。

# 生きる喜びは「食べること」
## ～口から食べる意味と胃ろう

この本を書こうと思ったきっかけでもありますが、「高齢になっても、最後まで食べたいものを食べてほしい」というのが、わたしの願いのひとつです。

生きる上で「食べる」という行為は、とても大事なことです。

もちろん、栄養を取るという意味でも大事ですが、好きなものや美味しいものを食べに行こうと思うだけでウキウキしますし、実際美味しいものを食べたら、心が満たされて、幸せな気持ちになります。

また、精神的に落ち込んだ時や嫌なことがあった時も、美味しいものを食べたらすっきりして、元気になった！　ということも一度や二度ではありません。

当然、年を重ねれば、だんだんとできることが少なくなります。足腰が悪ければ外出もままならず、家に引きこもりがちになるかもしれません。家族が遠いところにいてなかなか会いに来てくれなかったら、最終的に「食べること」が楽しみになるのではないでしょうか。

もしこれで、食べることまで制限されたら、とてもつまらないですね。

先述した「８０２０運動」には「生涯、自分の歯で食べる楽しみを味わえるように」という願いがあります。

病気などで口や喉の動きが悪くなったり、重度の認知症でなければ、とりあえず歯があれば、食べることはできます。

歯が悪いからというだけで、家族と同じものが食べられない、好きなものが食べられないというのは、とても寂しいことですね。

さらに口から食べ物が取れなくなったら、だんだんと体力が落ちて、寝たきりになり、最終的に何も食べられなくなるという悪循環に陥ります。

そうならないためにも、早くから歯の健康を保つ、もしもうダメになっているようであれば、訪問歯科を積極的に利用してほしいのです。

ただどうしても、病気などで食べ物が飲み込めなくなる方もいらっしゃいます。食べてもむせやすく、肺炎になりやすかったり、認知症で食べ物を口に入れても反応しなかったり、ということもあります。

そういう方は「胃ろう」を行うことがあります。

胃ろうとは、胃に穴を開けて、チューブを通し、直接、胃に栄養を流し込む方法です。鼻からのチューブなどに比べ、患者さんの苦痛や介護者の負担が少なく、喉などにチューブがないため、口から食べるリハビリや言語訓練が行いやすいというメリットがあります。

胃ろうをするかどうかは、ご本人とご家族が選択することになります。

医師から「このままにしますか、どうしますか」と聞かれ、どんな状態でもいいから生きてほしいと思い、胃ろうを選択する方が多いです。

胃ろうをすれば栄養は取れますが、味や食感は分かりませんので、残念ながら、口から食べるような楽しみは、なくなってしまいます。

でも、胃ろうをしたからといって、ずっとそのままというわけでもありません。

病気にもよりますが、わたしの患者さんでも、

「絶対、口から食べるぞ！」

という強い意志を持って、リハビリに励み、見事胃ろうを外すことに成功した方もいます。

胃ろうは一時、悪者みたいな扱いをされたこともありました。

それぞれお考えはあるかと思いますが、体力を回復するために、まずは胃ろうをするのもひとつの手だと、わたしは思います。

それである程度体力がついたら、口から食べる練習をすればいいのです。

上手く飲み込みなどができるようになれば、また、家族と同じ食卓を囲み、同じものが食べられるようになるかもしれません。

そうなったら、とても幸せだと思います。

ここで、胃ろうをされている方で注意していただきたいのは、胃ろうをすると、口を特に使わないので、口腔ケアをされない方が多いのですが、それは間違いです。

空き家をそのままにしておくと、傷んでいくように、口の中も使ってないと、余計に汚れます。

飲んだり食べたりすることで、唾液などの自浄作用が出て、自分で口の中を綺麗にしようとしますが、口を使ってないと、それらが出ないので、むしろ汚れていくのです。

胃ろうをされている方も、ぜひ、訪問歯科を利用してほしいですね。

# 「うがい」は意外と難しい!?
## ～口の機能と摂食嚥下

訪問歯科で診療する上で「うがいができるかどうか」というのは大きなポイントとなります。

うがいができるということは、まだ口の機能があるということになるからです。

認知症の方は「うがいをしてね」と言っても、そのままごくんと飲んでしまったり、口の中に溜め込んでうがいができなかったりします。

また飲み込みの悪い方はむせてしまうことがあるので、無理にうがいをさせると、誤嚥性肺炎になってしまいます。

それなので、初めての診療の時は、まずうがいができるかどうか確認しながら、徐々にどれくらい口の機能が残っているかを見極めます。

うがいができるかどうかの判断は「口の形」で見ることもあります。

うがいをしてね、と声かけをした後、患者さんがコップを口元に運び、水を口に入れた時の口の形で、うがいができるかどうか、だいたい分かります。

うがいが難しそうだと判断したら、口腔ケアをした後のうがいはさせず、口の中を拭くだけにします。


また、水を含めても、口の中でぶくぶくできずに、口から水がこぼれる方もいます。そういう方も、だいぶ口の機能が劣っていると判断します。

うがいができない理由には、認知症であることが多いですが、パーキンソン病などで筋肉が動かない人や脳梗塞などの脳神経系疾患の方なども、うがいが難しくなります。頭はしっかりされていますが、身体が上手く反応してくれないのです。

口の機能が劣ると、舌も上手く動かせなくなるので、食べかすなどが奥歯や頬の内側にたまり、口の中が汚くなります。

また、食事自体もしにくくなるので注意が必要ですね。


ここで、食べ物を食べるまでの流れをお話しします。

みなさんは「摂食嚥下（せっしょくえんげ）」という言葉はご存じですか？

摂食嚥下とは、食物が認知され、口腔、咽頭、食道を経て胃に至るまでの全ての過程を言います。

「摂食嚥下障害」とは、この一連の動作に障害があることです。

高齢や認知症、脳神経疾患になると、口の中の動きが鈍化し、舌で上手く食べ物を喉まで送り込めなくなり、食事中いつまでも同じものを噛んでいたり、食事時間がかかったりします。さらに、食事中むせたり、薬が飲みこみにくくなったりします。

食べ物を飲み込むまでの流れは、次のように分類されます。

1．【先行期】食べ物を認知する
2．【準備期】食べ物を口の中に入れて、噛んで唾液と混ぜる
3．【口腔期】舌でまとめて、喉に送り込む
4．【咽頭期】喉に送り込んだ食べ物を、食道に向けて飲み込む
5．【食道期】食道から胃に送り込む

この摂食嚥下が上手くいかなくなると、誤嚥を起こし、誤嚥性肺炎の原因となります。飲み込みが悪くなってきたなと思ったら、嚥下訓練などを積極的に行ったほうがいいですね。

嚥下訓練については、歯科医も行うこともありますが、言語聴覚士の資格を持った方がもっと専門的に行います。

わたしたちは施設などで、食事前に「パタカラ体操」をしてもらうようにお伝えしてい

ます。この体操をすることで、口の動きをよくし、食べ物が飲み込みやすくなります。ご家族に高齢の方がいらっしゃれば、ぜひ参考にしてみてください。

パタカラ体操のやり方としては、

**①「パ」「タ」「カ」「ラ」のように1音ずつ発音する。**

発音する時には、次のことを意識するとさらに効果的です。


「パ」……唇を破裂させるように発音。唇を開閉する力を強くする。

「タ」……舌を上あごにしっかりとくっつけて歯切れよく発音。舌の先の力を強くする。

「カ」……喉の奥を押し付けるように発音。舌の奥の力を強くする。

「ラ」……舌先を回しながら、上の前歯の裏につけて発音。舌を巻く力を強くする。

**②次に、「パパパ……」「タタタ……」「パタカラ、パタカラ……」のように連続して発音する。**

**③パ・タ・カ・ラを含む文を発音する。**

介護の現場でよく使われているのが「パンダのたからもの」です。「パンダのたからもの」と何度か続けて言うと効果的です。

これらを食事の前に各10回程度行うといいでしょう。

# 進化する介護食

## ～お酒も牛丼も味わいたい

飲み込みが悪くなった方の食事は、特に気を付けないといけません。

ひどくなると、お水ですら飲めなくなります。

そういう方には、とろみなどを付けたり、酵素などで食材自体を柔らかくして提供するといいでしょう。

市販で販売されているとろみ剤は、これまであまり味がよくありませんでした。

それが嫌で、飲み物を飲むのを拒否されているおばあさんもいましたが、最近は味がほとんど変わらないとろみ剤が出てきています。

また、食品自体を柔らかくする酵素が入った商品も、市販で販売されています。

粉状になっており、分量の水に溶かしてから、肉や魚介類を漬け込むと、約40％柔らかくなるそうです。

牛肉・豚肉・鶏肉・魚介類等、色々なものに使え、また野菜（根菜類、葉菜類）も柔らかくすることができます。

どれくらい柔らかくなるのかと、わたしも一度、家で試してみました。

海外産の安いお肉を買ってきて、この酵素に漬けてから焼いてみたところ、箸で切れるほど、柔らかくなりました。

色は少し変化しましたが、味は特に変わりませんでした。家で食べる分には、色は問題ないですからね。これで十分美味しく食べられるなと思いました。

また、おかゆ専用のとろみ剤もあります。

これはおかゆと混ぜる酵素です。おかゆの作り立ては粘り気のある食べ物のように思えますが、実は唾液の酵素で、お米と水を分離させてしまいます。

飲み込みの悪い方は、この分離したものがとても食べづらいのです。もぐもぐ噛んでいるうちに、水分だけ喉を通ってしまいむせてしまうのです。

それなので、こういったゼリー状にさせる酵素を混ぜることで、最後まで水とお米がまとまって飲めて、とても便利です。

最近は介護食もかなり進化していますね。

ドラッグストアの介護コーナーに行くと、本当にたくさんの介護食が並んでいます。「歯茎でつぶせるもの」や「舌でつぶせるもの」など、その方の食べる機能に合わせた介護食が、様々な味やおかずとしてあります。

そのラインナップを見るたびに「こんなもの出たんだ」と驚きます。

わたしもできるだけ、学会やセミナーなどに足を運び、都度新しい情報を仕入れるようにしています。仕入れた情報は、「こういったものがありますよ」とご家族や施設のみなさんと共有するようにしています。

食材を柔らかくするための酵素や、介護食のサンプルをたくさんもらった時などは、近所で仕事をされている、ケアマネージャーさんやヘルパーさんたちをクリニックにお呼びして、試食会をしたこともありました。

介護食の中でも酵素を使って柔らかくした製品はよくできています。

介護食というと、昔は見た目や味は二の次ということが多かったのですが、最近のものは、まず見た目を重視し、味を追求されています。

わたしも試食してみましたが、すきやきや肉じゃがなど、普段食べているものとそん色なく、とても美味しかったですね。

にんじんやれんこんなどの固めの野菜も簡単に箸で切れますし、うどんもするんと切れるほど柔らかくなっています。

メニューも豊富で、噛む力が弱くなった方用の食事と、噛まなくていい方用の食事の二種類があり、個人の症状に合わせて選べます。

ただ、こういった介護食はコストの面では安いとは言えません。

毎食これらを使うのは難しいという方もいらっしゃるでしょう。

例えば、家族が出かける時にこういった介護食を利用したり、誕生日や記念日など、なにかお祝いをするなど、特別な時に使ったりするのもいいと思います。

変わったところだと、「とろみ酒」というのもあります。

京都・伏見の老舗酒造「北川本家」では、とろみ付きのお酒「斗瀞酒（ととろさけ）雅香（みやこ）」を販売されています。病気があっても、これまでと変わらずお酒を楽しんでいただきたいという願いを込めてらっしゃるようです。

アルコール度数も14度ありますので、お酒として十分楽しめます。

その他の業者さんでは、とろみビールやとろみワインを作っているところもあるそうです。自分でとろみ付のワインを作る時ですが、ワインの場合は苦味が強く出るので、ブドウジュースを混ぜて作ったりするようです。

お酒の好きな方も安心ですね。

高齢者が増え、市場も大きくなっているので、これまでベビーフードを作っていた会社も、介護食の開発に乗り出しています。

また「吉野家」さんも、誰でも食べられるような牛丼を出しています。お店で食べる牛丼と同じ味で、具材が細かく切ってあるものや、さらに柔らかくしているものをパウチにして販売しています。

特に介護食とは書いてありませんが、噛み切るのが難しい人や飲み込みが悪い人には食べやすくてうってつけです。

以前、「この牛丼を施設のみなさんに紹介したい」と吉野家にお伝えしたところ、快く商品を提供してくださいました。

小さい丼ぶりとランチョンマットもセットにして提供してくださり、のぼりも立てて、お店さながらで、おじいさんたちは大喜びでした。

こういった市販の介護食などを上手に使い、いつまでも楽しく美味しく食事をしていただきたいですね。

# 認知症でも、旅行へ行けたら素敵

## ～認知症患者との付き合い方

日本の認知症高齢者の数は、２０１２年で４６２万人ほどと言われていました。

それが２０２５年には約７００万人になり、65歳以上の高齢者の約５人に１人に達すると言われています。

今や認知症は、誰もが関わる可能性のある身近な病気です。

認知症は言わずと知れた脳の病気で、加齢による「もの忘れ」とは違います。

年を重ねてくると多くの人が、人の顔と名前が覚えられなくなったなとか、新しいことをなかなか覚えられないなど、記憶力に衰えが出てきたと自覚があるでしょう。

でもそれは、加齢が原因です。

認知症の方は、その「忘れてしまった」という自覚がありません。

加齢が原因であれば、体験したことの一部を忘れてしまうだけですが、認知症になると全てを忘れますし、また探し物も加齢が原因であれば自分で探そうとしますが、認知症の方は「誰かが盗った」など、人のせいにしてしまいます。

特に「ものとられ妄想」は、アルツハイマー型認知症の初期段階と言われています。

認知症になると、相手に暴力をふるったり、徘徊したりしてしまう方も多くいます。

徘徊については「どこかに行きたい」「帰りたい」という気持ちが強くなって、外に出てしまうことがあるようです。

老人施設に入っている方が、自分の家に帰りたくて、出口を探してうろうろしているうちに、何をしていたか分からなくなって、徘徊していた、ということもよく聞きます。

これらは全て病気のせいなのですが、そばにいるご家族にしてみると、なかなか苦痛なことですね。

さらに認知症の方は症状が進行すると、食べ物を認識しなくなり、飲み込みも悪くなります。

入れ歯自体も「異物」と思ってしまい、勝手に外して捨ててしまったり、ポケットにしまい込んだり、ということも少なくありません。

ご家族の方でも、それらが認知症から来る行動と認識されていない方も多く、入れ歯を勝手に外してしまうのを見て、

「どうしてそんなことするの！？」

とイライラされる方も多いです。そういう時に、わたしたちが、

「これは認知症の症状ですよ」

とお伝えすると、ご家族の方も理由が分かって、少しほっとされます。

やはりそれを知っているのと知らないのでは、気の持ちようが違いますからね。

さらに認知症は、高齢の方だけの病気ではありません。

若くして「若年性アルツハイマー型認知症」になる方もいらっしゃいます。

わたしの患者さんでも、40代の息子さんが若年性のアルツハイマーで、意思疎通ができ

ず寝たきりという方がいました。

その方を介護されているのは70代のお父様でした。

子供が親を介護するということが多いと思いますが、この方のように、逆の場合もあります。親の世代が介護をしないといけないというのは、それはそれでつらいことですね。

この親子は大きな柴犬を飼われていました。お父様は編み物が趣味で、犬の帽子や洋服を器用に編んでらっしゃいました。きっと、その編み物をしている時間は、心癒される時間だったのではないかと思います。

もうひとり、50代前半の方で若年性アルツハイマーになった方もいました。

この方は奥様が介護をされていました。会社でも重要なポストでバリバリと毎日忙しく働かれていた最中、病気が発症したそうです。

この方もまったく意思疎通ができず寝たきりでした。もちろんトイレも行けませんので、おむつの世話も全て奥様がされていました。まさか奥様もこんな若い時期に介護をするなんて思ってもみなかったでしょう。

認知症になる原因として、ストレスや不健康な生活が挙げられます。やや男性のほうが多くみられるようです。

このおふたりに、どういった原因があったかは分かりませんが、このように若くして病気になる方もいますので、若いうちから健康を意識することはとても大切なことだと思います。

家族に認知症の方がいると、本当に大変ですね。介護する側が、気が滅入ってしまうこともあるでしょう。外にも出られず、患者さんと一緒にひきこもりのような生活をされている方も多くいます。そういうストレスから、どう逃れるのかというのも大切です。

家で見きれなければ、施設への入所も選択のひとつです。

また、あるご家族は、ほとんど意思疎通ができない重度の認知症のお母様を、積極的に外に連れ出していました。

寝たきりの方用の大きな車椅子にお母様を乗せて、年に何度も一緒に旅行に出かけるのです。沖縄に行ったり、車で星を見に行ったり、個室風呂がある温泉旅館に行ったり……。なかなかできることではありません。

わたしはこの話を聞いて、認知症でどうせ分からないから、とあきらめることなく、労力を惜しまず自分たちと同じ時間を共有し、少しでもいい思い出を最後に作ってほしいと願う姿に、なんて素晴らしいことだと思いました。

そして、きっとこのお母様は元気な時に家族にたくさんの愛情を注がれたのだと思いました。

正直、自分が認知症になってしまったら、その後のことは分かりません。

それまでの自分の行動次第では、きちんとした介護を受けられないような状況になる可能性だってあります。それは寂しいですね。

せめて「最後は楽しい時間を過ごしてね」と周りの人から思ってもらえるように、元気なうちから、優しい人でいたいなと思うと同時に、できるだけ人のお世話にならない最期を迎えたいなと思いますね。

# 健康オタクになってみよう！
## 〜元気に長生きするために

訪問歯科に携わるようになり、たくさんの高齢者の方と向き合う中で、やはり、「健康は大切」ということを強く思うようになりました。

もちろん、突然病気にかかることも事故に遭うこともありますが、早くから健康に気を付けていたほうが、予防できる病気もあると思うのです。

誰のお世話にもならずに、ぽっくり死ねたら理想、とよく言われますが、医療も進化し、薬も良くなってきていますので、身体が不自由なまま長生きすることも、十分考えられます。

自分が寝たきりになって誰かに介護されることを想像したら、憂鬱になることも多いのではないでしょうか。

頭がしっかりしていればいるほど、おむつを替えてもらったり、お風呂に入れてもらったりすることが苦痛となってきます。

実際、そういう状況におかれ、早く人生を終わらせたいと言う方もいらっしゃいます。

95％近くの方が、

「早くお迎え来ないかなあ」と言います。

わたしはそれを聞くと、

「上の順番がつまっているからまだだよ」と答えます。

でもその気持ちはよく分かります。そして、元気でいることの大切さを痛感させられるのです。

やはり体に悪いもののひとつとして挙げられるのは「たばこ」でしょう。

その危険性がパッケージに大きく明記されていますが、それを見ていてもやめられないのがたばこです。

たばこ好きな人にとったら、そういうことは二の次になってしまうのかもしれません。

たばこは体全体に悪い影響を与えます。

まず、血管を収縮させます。ということは、血の巡りが悪くなり、体のすみずみまで新鮮な血液がいかないため、多くの悪いことが起こってきます。

できれば、たばこは吸わないのが一番ですね。

また、砂糖もあまりよくないと言われています。

ドラッグやギャンブルと同じように、依存性があるからです。

依存してしまうと、脳がそれに反応してしまいます。ひとたび快感を得てしまうと、次はもっと多くの刺激を欲してしまい、もしそれが得られないと、不安やイライラを感じてしまうのです。

砂糖も依存症がひどくなると、疲れやすくなったり、少し動いただけでも、めまいや立ちくらみを起こしたりします。

人工甘味料もあまりお勧めできません。

これでダイエットができるというのは実は大間違いで、むしろカロリーが入ってこないようにしてしまう分、食欲が増してしまい逆効果です。

他には、エナジードリンクやお茶に含まれるカフェイン、パンやパスタに含まれるグルテン（小麦）、乳製品の摂りすぎもあまりよくないとされています。

わたしも以前は気にせず、たくさんそれらを摂っていました。コーヒーも日に何杯も飲んだりしていました。何となくすっきりせず、原因が分からなかったのです。

小麦製品も、家でパンや麺はあまり食べないようにしています。外出した時にたまにパスタなどを食べるくらいです。

最近は米粉製品がスーパーで気軽に手に入りますので、それを小麦の代わりにすることも多いですね。

米粉を使ったレシピも、ネットなどでたくさん出ているので、そういったものを参考にして、上手くグルテン離れをしています。

調味料もできるだけ添加物のないものを使っています。

食事で足りない分はサプリメントを併用しています。

これらを実践してから、風邪を引かなくなり、体調も良くなりました。


それぞれお考えがあるかと思いますが、なにか体調が良くないという方や、体質改善されたい方などは、一度、こういったものを全てやめてみるのもいいでしょう。

まずは、デトックスできるような体にしてみるのです。

個人差はありますが、1年程度で体質が変わる方もいらっしゃいますし、10年近くかかって変化する方もいらっしゃいます。

少し時間がかかりますが、長い目でご自身の身体と向き合ってみるのもいいかと思います。

キーキーしやすいお子さんが落ち着いたり、イライラしやすいお母さんが優しくなったりということもあります。

実は子供の夜泣きにも原因があって、お母さんの栄養状態や精神状態が強く関係しており、それは栄養不足からもきていると言われています。

人生１００年時代と言われていますが、健康でなかったら意味がありません。

楽しく長生きするために、まずはできそうなことから試してみて「健康オタク」になってみるのもいいのではないでしょうか。

# 身体に欠かせない「タンパク質」

## ～高齢者と栄養

高齢で病気になって自分で動けなくなると、どうしても栄養のバランスが悪くなります。毎日食事を用意してくださるご家族が近くにいればいいですが、そういうわけにもいきません。

またご家族がいらしても、お仕事や用事などで外出している時などはどうしても、簡単に食事を済ませてしまうことも多く、ベッド上で簡単に食べられるものが中心となってしまいます。だいたいがおにぎりや菓子パン系となり、炭水化物（糖質）が中心の食べ物になりがちです。

お腹は満たされるかもしれませんが、栄養という観点からみると、これはやはり好ましくありません。

そもそも身体の大元になるのはタンパク質です。

タンパク質の役割としては、

「身体を作る」「身体の機能の調整をする」

という、大きな二つの役割があります。

まずタンパク質は皮膚や爪、筋肉など、身体の大体の部分を作ります。

そして、身体の機能の調整ということで、ホルモンを作ったり、血の中にある栄養や酸素、お薬を運んだりする役割があり、水分の調節もします。

他には、消化酵素も作ります。胃だったら「ペプシン」、口の中なら「アミラーゼ」などを作ります。

味覚や体温を保つなどの正常な機能を作り、免疫細胞も作ります。免疫細胞がたくさんできれば、免疫が上がって風邪なども引かなくなるのです。

もちろん、コロナやインフルエンザにもかかりにくくなります。

こんな万能なタンパク質ですが、実は食べたらそのまま体の中で、タンパク質として使われるわけではありません。

胃や腸でバラバラにされて「アミノ酸」となってから体内に吸収されます。

そして、吸収されたアミノ酸は血液によって全身の細胞へ運ばれ、そこでアミノ酸どうしが繋がって、必要なたんぱく質に再合成されるのです。

また、このアミノ酸の再合成にはビタミンB群も必要です。ビタミンCやDも必要となりますが、特にビタミンB6はアミノ酸の再合成を手助けする補酵素として働きます。

ビタミンB6が多く含まれる食材としては、赤身の魚や、ヒレ肉、ささみなどの脂が少ない肉類が挙げられます。植物性の食品では、バナナやパプリカ、さつまいも、玄米などにも比較的多く含まれています。

よく高齢の方が圧迫骨折すると聞きます。入院してリハビリをしても、その後なかなか歩けないということもあります。これはやはり栄養がきちんと摂れてないことも一因です。

特に閉経後の女性は、女性ホルモンが減少して骨折しやすいので、しっかり栄養をとって、プラス運動をするのが大切です。骨と筋肉を強化して、いつまでも自分の足で歩いて、自分のやりたいことができるというのが一番ですからね。

またタンパク質をきちんと摂らないと、メンタルの不調にもつながります。眠れなかったり、イライラしたり、やる気が出なかったりするのも、タンパク質が不足しているのかもしれません。


高齢者が眠れないというのは、昼夜逆転している場合もありますが、多くはカフェインの採りすぎということもあります。

カフェインというと、コーヒーと思われる方が多いと思いますが、実は緑茶や紅茶、ウーロン茶、ほうじ茶、ジャスミン茶にも多く入っています。

もし「眠れない」と言っているようであれば、カフェインの摂取が過剰になっているかもしれないので、チェックしてあげるといいですね。

では「一日どれくらい飲んでいいの？」ということですが、はっきり何杯というのは難しいですが、眠れないようであれば、15時くらいまでなら比較的問題ないと言われているので、できれば夕飯の後の緑茶は少し我慢していただくのがいいでしょう。

カフェインは興奮作用もあるので、夜はできるだけ摂らず、お子さんも控えたほうがいいでしょう。

最近はノンカフェインのお茶もありますので、そういうものを選んでもいいかもしれませんね。

また、タンパク質不足があると、入れ歯の調整を何度もしても、あちこち痛いということも出てきます。

歯茎は「コラーゲン繊維」でできています。このコラーゲン繊維を作るのもタンパク質、鉄、そしてビタミンCになります。

コラーゲン繊維がしっかりできないと、ちょっとした傷も治らないことがあります。入れ歯も硬いので、歯茎に当たるとどうしても刺激で痛みが出ます。

現にわたしが担当した患者さんで、90歳は超えていましたが、しっかりとお食事を摂られていた方で、抜歯した後の傷の治りがとてもよかったということがありました。やはり栄養をきちんと摂るということは大切だと思った事例でした。

ちなみに、この「コラーゲン繊維」は通常急激に衰えるということはあまりないのですが、それを形成する栄養が身体に入ってこないと、どうしてもその正常な状態を保てないということはあります。

例えばお肌もコラーゲン繊維でできていますが、いくら高い栄養クリームを塗りこんでも、食べ物がきちんとしていないと、プリプリとした肌は保てません。

中から栄養を摂るということが大切なのです。

訪問歯科
コラム③

# 「ライオンは歯が無くなると、死ぬ!?
# 〜口腔内の病気」

ライオンなど野生動物には、虫歯がないと言われています。そもそも餌にしているものに糖が少ないです。基本、生の物を食べていますから、よく噛まねばならず、結果それが、歯磨き効果を生んでいるとも言われています。
「虫歯ができないなら、健康的でいいわね」と思われるかもしれませんが、実はライオンたちは、何かの拍子で歯が欠けたり、無くなったりすると、食べられなくなり弱って死んでしまいます。やはり餌が食べられなくなる、というのが大きな原因のようです。

たしかに人間は、歯が無くなったくらいじゃ死にません。差し歯をしたり入れ歯を入れたりできますし、食材も柔らかくしたり、調理を工夫したりすれば、歯が少々悪くても食事もでき、なんとか生きながらえます。もちろんそれらは人間の知恵であり、とても素晴らしいことなのですが、歯をついついないがしろにしてしまう原因のひとつなのかもしれません。歯や口の中が少々悪くても、すぐに生命の危機にはならないと思われがちですが、実はそうでもないのです。口の中にも様々な病気があります。

虫歯や歯周病などですが、歯周病も「病」とついているので、立派な病気です。少し腫れたくらい、少し歯茎から血が出たくらいで放っておくと、いずれ大きな病気の原因のひとつになります。また注意しなければいけないのは癌です。口腔内に多い癌は、舌にできる「舌癌」です。他にも歯茎にできる「歯肉癌」や頬の粘膜にできる「頬粘膜癌」などがあり、口の粘膜のどこにでもできる可能性があります。

癌になるとその部分の色が変わったり、腫れてきたりと、形状が変わってきます。普通のおできや口内炎とは明らかに違います。もしそういったものがあれば、病理検査をしてもらい、悪性であればきちんとした治療が必要になります。早期にみつかれば、切除部分も小さくて済みますし、5年生存率も高くなります。

ただ、話す・食べるなどの口腔機能に障害が出ることはあります。歯科医院の定期健診でもチェックはしていますが、毎日の歯磨き時に、口の中に異常がないか、ご自身でチェックするのも早期発見につながります。

# 4章 口腔ケアの大切さとアドバイス

# お口の「細菌」が原因で、認知症に!?

## ～歯磨きはやっぱり大事

歯科医院に行くと、よく言われると思いますが、歯垢の中には、たくさんの「細菌」がいます。実はその「細菌」が様々な病気を引き起こすと言われています。

その病気とは、認知症、心臓病、糖尿病、脳梗塞などです。なんと、これらに罹患する原因のひとつが、口の中の汚れなのです。

ではどうして、口の中の細菌が、こういった病気を引き起こすのでしょうか。

歯磨きを怠ると当然、歯垢が増えます。すると細菌の数も増え、口の中に留まらず、体内の血液の中に入ってしまいます。

血液の中に入ると、白血球が細菌を除去しようとして、血管に集まります。

それらがだんだん溜まっていくと、血管がつまって、梗塞ができるのです。それが脳にできれば脳梗塞となり、心臓にいけば心筋梗塞となるのです。

梗塞ができる原因としては、このような仕組みになりますが、ではなぜ、認知症の原因にもなるのでしょうか。

認知症には様々な種類があります。

一番聞き馴染みがあるのが「アルツハイマー型認知症」でしょう。

他にも、「血管性認知症」「レビー小体型認知症」「前頭側頭型認知症」などがあります。

アルツハイマー型認知症になる原因のひとつに、脳内のタンパク質のアミロイドβの蓄積があると言われています。

通常アミロイドβは、分解され、体外へ排出されますが、何らかの理由で体内に留まり、蓄積すると、脳の情報伝達が悪くなり、脳の機能が低下してしまうのです。

実はこのアミロイドβが、「歯周病」により増加するという、研究結果の報告がされています。

歯周病とは、歯と歯茎の溝に歯垢がたまって炎症が起きる病気です。

そもそも口の中には400～700種類くらいの細菌がいると言われていますが、普段はほとんど悪さをしません。でも歯磨きが不十分だと、それらが騒ぎだし、炎症を起こすのです。

ただ、歯周病になりやすい原因も、他にいくつかあると言われています。

主なものとしては、不規則な食生活、喫煙、ストレス、歯ぎしり、くいしばり、合っていない入れ歯などです。

でもある程度は、日々の歯磨きで防げますので、ぜひがんばって磨いてほしいですね。

ではどんな歯磨きをすれば、より効果的なのでしょうか。

歯の面を磨く時は、いつも通り横磨きでいいのですが、よく汚れが残る歯の根元は歯ブラシの毛先を歯と歯茎の境目にあて、一本づつ小刻みに磨くようにするといいでしょう。

前歯や歯の裏側は歯ブラシを縦にすると磨きやすいですね。

奥歯を磨く時は、口を閉じ気味にすると、奥まで歯ブラシが入りやすくなります。

歯磨きにかける時間は、最低でも3分は取っていただきたいですね。

やはり朝昼晩と、食後3回が理想ですが、難しい場合は、朝晩2回だけでも、しっかり磨いていただけるといいですね。

患者さんの中には、左右に5回ほど歯ブラシを動かして終わり、とあまりに簡単に終わらせてしまう方もいます。

長年の習慣なので仕方ないですが、そういう方には、

「やらないよりはやったほうがいいね」

と褒めて毎日歯磨きをしてもらうようにしています。


歯ブラシも色々種類があって迷いますよね。

健康な方は固めでも柔らかめでも、好きなものを使ってもらってかまいませんが、高齢の方は柔らかめを使うのがいいでしょう。

特に自分で歯磨きができない方は、誰かがやってあげることになります。他人の歯磨き

をするとなると、加減が分からないので、歯茎を傷つける原因となります。また歯茎も弱っていると、血が出やすいこともありますので、柔らかめがいいでしょう。手に麻痺があるなど、上手く動かせない方は電動歯ブラシもお勧めです。

歯ブラシの交換時期は、一か月に一度を目安にするのがいいでしょう。ただ、その方の磨き方で、歯ブラシの劣化する速度も違ってきます。よく言われますが、裏側から見て、毛が外にはみ出してきたら交換時期の目安です。

古くなった歯ブラシは、お掃除に使う方も多いと思いますが、それで入れ歯を磨くのもいいですね。

ただ、歯磨き剤を使って入れ歯を磨くと傷がつきますので使わないでください。入れ歯専用のブラシもありますので、こちらも使いやすいので使ってみてもいいですね。

さらに年を重ねると、歯と歯の隙間もできやすく、物も詰まりやすいですので歯間ブラシも使用するといいですね。歯間ブラシにはサイズがあります。無理やり太いものは使用せず、ご自身の隙間のサイズに合ったものを使うといいでしょう。分からない時は歯科医師や衛生士に聞いてみてください。

うがいができない方は口腔ケア用のジェルを使っています。歯にぬって歯磨きをすることによって汚れをジェルに絡ませ、回収しやすくするためです。

ブラシでのケアが終わったら口腔ケア用のスポンジやガーゼ、口腔ケア用のウェットティッシュで拭きます。

毎日のことですから、どうしても惰性で歯磨きをしがちですが、「これで病気が防げるかもしれない」と思えば、より丁寧に、歯を磨こうと思ってもらえるのではないでしょうか。

しっかり歯を磨いて、みんなで健康になりましょう。

# 「誤嚥性肺炎」には気をつけて
## ～誤嚥を防ぐためには

口の中の細菌が原因で「誤嚥性肺炎」を引き起こすこともあります。

誤嚥性肺炎とは、本来気管に入ってはいけない物が気管に入り（誤嚥）、そのために生じた肺炎のことを言います。

ちなみに子供さんが間違って、異物（ボタンやおもちゃ）などを飲み込むことは「誤飲」と言います。

健康な方であれば、食事中に食べ物や飲み物が変なところに入ったら、咳払いしてそれをなんとか外に出そうとしますが、高齢になるとこの咳払いも難しくなります。

そして、何とか誤嚥したものを外に吐き出しても、細菌が肺の中に残ると、肺炎を引き起こします。

肺炎の治療を施しても高齢者はもともと体力がないため重篤化しやすく、そのまま亡くなることも少なくありません。

また、それがきっかけで寝たきりになることもあり、そうなると次第に食べる筋力が低下し、飲み込みも悪くなり、食べる量が減り体力がさらに低下するという悪循環に陥ります。

誤嚥性肺炎を防ぐ第一歩は口腔ケアをしっかりやることです。

現在、日本の死亡原因の第一位は癌です。次に心疾患、老衰と続き、第六位に誤嚥性肺炎となっています。意外に侮れない病気なのです。

誤嚥性肺炎の大きな原因のひとつは、お口の中が汚れていることです。

高齢や病気で飲み込む力や舌の力が弱くなることで、食べ物などが詰まって気管に入りやすくなります。

この誤って入ってきたものが、口の中の細菌によって汚染されているため肺炎になります。

誤嚥は30代から始まっていると言われていますが、若い方たちが肺炎にならないのは免疫力があるからです。

では、誤嚥をしないようにするためには、どうしたらいいのでしょうか。

まずは口の中を清潔に保ち、よく噛んで食べるということです。

先述した「パタカラ体操」（114ページ）を食事前に行うことも有効です。口の動きがよくなって、食事の飲み込みもスムーズになります。

咳払いがしにくくなってきた方は、次のような訓練も試してみるといいでしょう。

**○咳払い訓練**

むせに対処する防御機構を強化する訓練です。嚥下障害を持つ人に、まず自発的な咳を行うことを習慣化させます。

《やり方》
①患者さんの腹部に手を置いて息を吸ってもらう。
②しっかり息を止めてから「えへん」と咳をしてもらう。
③その呼気に合わせて腹部を押し、咳をさせる。

**○口すぼめ呼吸**

呼吸のコントロールを改善させ、痰や誤嚥物の喀出を促すことが目的です。肺機能、鼻咽腔の閉鎖機能の強化に役立つとともに口唇の訓練にもなります。

《やり方》
①ロウソクの炎を消すような気持ちで口をすぼめてゆっくり息を吐いていく。

### ○ペットボトルブローイング

ペットボトルを使って、ブクブクと息を吐くトレーニングです。

ペットボトルの蓋の閉め方を調節することで、ブクブク泡を出す呼気の力を調整できます。誤って水を吸い込まないように注意が必要です。

《やり方》

①ペットボトルの蓋に穴を開け、ストローをさす。

②ペットボトル中に水を入れてブクブクと息を吐く。

これらの訓練は、呼吸量を増大させることで、誤嚥したものを吐き出す力をつけることができます。

普段からこういった訓練を取り入れて、誤嚥を防げるといいですね。

# お口が乾いてはいけません！
## ～唾液のはたらき

酸っぱいものを食べたり、人によっては、酸っぱいものを想像したりしただけでも、口の中に唾液がたくさん出るでしょう。

唾液は一日、どれくらい分泌されていると思いますか？

実は健康な成人で、一日1・0～1・5リットル分泌されると言われています。

もちろん個人差はありますが、「思ったより出てる！」と思われた方も多いのではないでしょうか。

この唾液が出るということは、とても大切なことです。むしろ、口の中を乾燥させてしまうと、よくないことが起きてきます。

唾液には、次のようにいくつも重要な働きがあります。

【唾液の働き】
消化作用
免疫作用
抗菌作用
再石灰化作用
自浄作用
緩衝作用
保護作用

中でも「再石灰化作用」はとても重要な作用のひとつです。

そもそもわたしたちの歯は、人体で最も硬い「エナメル質」に覆われています。

そう簡単に壊れることはありませんが、虫歯菌が作り出す酸などが原因で、歯が溶ける現象が起きています。それを「脱灰（だっかい）」と言います。

毎日食事をして溶けているのであれば、誰でもすぐに虫歯になったり、歯がなくなったりしてしまいそうですが、そこで唾液が活躍するのです。

溶けた歯の表面を、また元のように固くさせる「再石灰化（さいせっかいか）」という現象を唾液が作りだしています。

虫歯の初期段階では、歯の一部が白くなります。そして歯の表面ががさがさした感じになり、柔らかくなっていくのですが、それらが唾液により、元の固い状態に戻してくれるのです。それで何とか踏み留まって、虫歯ができずにすむこともあるのです。

唾液には他にも、食べ物の消化を助ける働きや、抗菌作用や免疫細胞を司る作用もあるので、それらがバリアとなって、身体の中に細菌が入らないようにしてくれています。きちんと唾液が出ている人は、そのバリアが強いので、感染症になりにくいと言えます。

また、唾液が口の中を湿らせてくれることで、固い食べ物を食べた時など、口の中に傷ができにくいように、保護もしてくれています。

さらに、大事な働きのひとつに「緩衝作用」というのもあります入れ歯を入れた時に、歯茎と入れ歯の間に唾液があることによって、クッション材みたいになってくれ、ぴたっと入れ歯がくっついてくれます。

もし口の中が乾いていると、入れ歯を入れても、すぐに外れたり、歯茎が痛くなったりしてしまうのです。

それから唾液が少ないと、口臭の原因にもなります。

唾液は口の中を綺麗にするという「自浄作用」があります。唾液により食べかすなども綺麗に流したり細菌を流したりしています。

また味を感じるためには唾液が必要です。唾液は食べ物を湿らせ分解しやすくするだけでなく、唾液の中に酵素が含まれていて食べ物を部分的に分解して、味物質を放出する助けをしています。その味物質が舌の味を感じる器菅（味菅）に到達することによって味を感じます。舌の上に白い舌苔というものがたくさん付いていると味を感じにくくなりますので、舌を綺麗にケアをしてくださいね。

健康な方であれば、毎日食事もしておしゃべりもするので、唾液が出ないということはないと思いますが、寝たきりの方で、口が開いたままでいることが多い方は、できるだけ口の中が乾かないようにケアをしたほうがいいですね。

また、次のような薬を飲んでいる方は、副作用で唾液が出にくい場合があります。

**【唾液分泌に影響を及ぼす薬】**

降圧剤
向精神薬
抗精神薬
抗てんかん薬
抗パーキンソン薬
鎮咳去痰薬
抗ヒスタミン薬

消化器潰瘍治療薬

こういった薬を飲んでいる方で、お口が元気な方には、「ガムを噛んでね」とお伝えすることもあります。ガムを噛むことで唾液が出やすくなります。ただし、間違って飲んでしまいそうな方は、窒息の原因になりますのでお勧めしません。

また、唾液を促すために、唾液腺マッサージを行うことも有効です。

耳下腺《じかせん》、顎下腺《がっかせん》、舌下腺《ぜっかせん》3つの唾液腺をそれぞれマッサージで刺激することで、唾液が出やすくなると言われています。それぞれ5～10回ほどマッサージすると効果的です。

**【唾液腺マッサージ】**

**○耳下腺マッサージ**

**【場所】** 耳の前の少し下、耳たぶの少し前。頬骨の下辺り。

**【方法】** 両手の人差し指と中指を使い、耳たぶの前を円を描くように優しくマッサージ

○顎下腺マッサージ

【場所】下あごの内側、あごの骨の裏側辺り

【方法】両手の親指であごの裏側から上に押し上げるように、軽く圧をかけるようにマッサージ

○舌下腺マッサージ

【場所】あごの真下、あごの中心からやや外側辺り

【方法】両手の親指で、あごの下の部分をやや外側に向かって円を描くようにマッサージ

# 歯に良いもの、悪いもの
## ～歯を丈夫にするために

人間の体は骨や筋肉、脂肪、皮膚などで構成されています。

これらを作り、健康を保つために必要となるのが「栄養素」です。「炭水化物（糖質）」「脂質」「タンパク質」の3つを「三大栄養素」と呼んでいます。

先述した通り、特にタンパク質は筋肉や臓器など体を構成する要素として、とても重要なものです。

最近では、タンパク質の摂取量とフレイルのリスク低下との関連があるということも、言われています。

では、歯とタンパク質の関係はどうでしょうか。

歯の中には神経があります。その中に血液が通っていて、歯の栄養もその血液から取っています。

たまに、歯が黒くなってしまったという方がいらっしゃいますが、それは神経が死んでしまって、色が変色した状況です。

歯を守るためには、まず神経が大切となり、その神経を守るための栄養が、タンパク質となるのです。

さらにタンパク質が、歯の基礎を作ると言われていますので、歯を丈夫にするには、良質なタンパク質を摂るのがいい、ということになります。

タンパク質は、特に肉類、魚類、卵類、大豆類などに多く含まれています。

これまで診察してきた方の中で、意外にも昭和一桁生まれの方が、タンパク質を上手に摂れているなという印象でした。

おそらく昔は、魚や豆などをバランスよく食べていたので、身体も歯も丈夫になったのでしょう。

他に、歯に良いとされている栄養素として、次のようなものもあります。

カルシウムやリン……歯の石灰化を助ける、エナメル質を強化する。ひじき、チーズ、しらす、米、牛肉、豆などに多く含まれる。

ビタミンAやC……エナメル質や象牙質の土台を作る、歯茎を強くする、口の粘膜を強する。レバー、ほうれん草、さつまいも、林檎、にんじん、ブロッコリーなどに多く含まれる。

これらは一例となりますが、やはりバランスよく、何でも食べるのが、歯にとってもいいでしょう。

では、歯にとって良くない食べ物はなんでしょうか。

すぐに思い浮かぶのが、チョコレートやキャンディなどの甘いお菓子や甘いジュース類です。砂糖やブドウ糖などの糖類は、虫歯菌の大好物なので歯の表面のエナメル質を溶かしやすくするため、歯にとってあまり良くないですね。

よく、甘い炭酸飲料をたくさん飲むと歯が溶ける、と言われますが、それは本当です。毎日それればかりを飲んでいたら、歯が全部ボロボロになったという方もいました。

虫歯の代表的な菌である「ミュータンス菌」は、砂糖を摂取して、強い「酸」を作りだします。その酸が、最も硬い歯を溶かすと言われています。これが、虫歯ができるメカニズムです。

ただ最近では、食生活の欧米化に加え、健康志向の方も増え、酸性の飲み物、食べ物をよく摂る方が増えています。

実はこの酸性の食品が、砂糖の有無に関係なく、歯を溶かすと言われています。オレンジやレモン、グレープフルーツなどの柑橘類や炭酸飲料、健康ドリンク、黒酢ドリンクなどは、強い酸蝕（歯の表面が溶ける）症状を引き起こしやすいので、こういったものを食べたら、早めに歯を磨くということを心掛けたいですね。

介護の必要な方はご自分で歯磨きができません。歯がボロボロになりやすいので、周りの方によるしっかりとした口腔ケアが必要です。

ある患者さんは、歯磨きもきちんとして、食べ物にも気を付けているのに、なかなか歯周病が治らないという方がいました。おかしいなと思いながら、あれこれ原因を探っていったところ「ピロリ菌」が原因だった、ということがありました。

ピロリ菌と聞くと、胃癌の原因と思われる方も多いでしょう。それだけでなく体内にピロリ菌がいると、胃の機能が低下し、特にアミノ酸の吸収が低下します。

そうなることで、食べた栄養がきちんと体の隅々に行き届かず、栄養不足になります。そうすると免疫力が落ち、病気になりやすくなってしまうのです。

ピロリ菌は、実は口の中にも存在しています。

通常はカンジタ菌の中に入り込んでいます。カンジタ菌自体は、口腔、消化管、皮膚などに存在する常在菌です。

菌には「日和見菌」というものが存在します。この菌は状態によって有害な働きをしたり、無害であったり、有益な働きをする菌のことです。口の中が汚いままでいると、有害な菌が増えて悪い菌になってしまうのです。

例えば、免疫力が落ちると、カンジタ菌が増えます。そうすると口腔カンジタに感染します。もしその中にピロリ菌がいたら、一緒に増えていきますので、場合によっては、胃の中にそのピロリ菌が入っていくこともあります。

胃の中のピロリ菌は薬で除去できますが、口の中のピロリ菌にはそのお薬が効きません。なぜかというと、カンジタ菌の中に隠れているからです。

歯磨きがあまり上手でなかったり、入れ歯が汚かったりすると、せっかくピロリ菌の除菌をしてもまた感染してしまうので、口の中を綺麗にしておくことが大切なのです。

特に高齢者の入れ歯は、毎食後外して洗い、ブラシでこすってほしいです。それと同時に、市販されている義歯の洗浄剤で定期的に消毒をするのがいいでしょう。

# 「入れ歯」を甘く見ないでね
## ～取り扱いの注意点

「どうせ歯がなくなっても、入れ歯を入れたら、自分の歯と同じように何でも食べられるんでしょ？」と思われている方も多いと思います。でも実は、それは大きな誤解です。

そもそも入れ歯は固いです。固いものを柔らかい歯茎に乗せて噛んでいるわけですから、それなりに負担がかかってきます。もちろん、入れ歯を作成する時は、その方の歯の型取りをして、きちんとその口に合うようにしますが、歯茎が弱っていれば、噛みにくかったり、痛みが出たりすることもあります。

何人かの患者さんからは、歯が痛くなったり歯磨きが面倒なので歯を抜いてほしいと言われることがありますが、一本でも歯を残しておくことが入れ歯の安定に大きくかかわってきますので、何の問題もない歯を抜くことは致しません。

ご家族によっては、とにかく入れ歯を入れてほしい、と強く依頼される方もいらっしゃいますが、事前に「入れ歯を入れたら、こういうことが起きる可能性がある」ということを、きちんとお話しさせていただくようにしています。

入れ歯の作成費は保険適用となります。その代わり、保険で作成する場合は、使用する材料などがほぼ決まっています。

どうしても自分好みの入れ歯を作りたければ、自費でも作成は可能です。今は様々な素材がありますので、人工歯の色や歯茎の色なども選べます。その場合だと、だいぶ高額となります。

訪問歯科で診察する患者さんは、ほとんど保険適用内で作成していますね。

入れ歯ができあがるまでにはいくつか工程があります。

型を取って、次に入れ歯の土台ができるので噛み合わせの位置決めをして、その次に試着をしてそれでよかったら完成になり何回か調整していきます。

週一回の訪問だと、完成までに、だいたい一か月ほどみていただいています。

歯科医院によっては、専門の技工士がいたり、専門のラボを併設したりしています。その場合はもう少し早めにできあがることもあります。

ここでひとつ注意していただきたいのが、保険で入れ歯を作った場合、次の新しい入れ歯を作るまで、「6か月間空ける」というルールがあります。

例えば、1月に入れ歯の歯型取りをした場合、7月以降でなければ、新しい入れ歯を作れません。これは国が決めたルールとなり、歯科医院を変えた場合でも適用されます。

不注意で入れ歯を失くしたりしても、保険適用での作成はすぐにできないので、注意しましょう。

入れ歯を作ったことがない方は、一度お試しで作ってみてもいいかもしれません。

実は、歯がないと顔の形も変わっていきます。写真を撮る時などは入れておいたほうがいいですし、歯のあるほうだけで食べていると、食べている側の頬が膨らんで、顔がいびつにもなります。

変わったところだと、亡くなった後、お棺にご遺体を入れる時に装着したいので、入れ歯を作ってほしいという依頼もありました。

歯がないままだと、顔がくしゃっとして見栄えが悪くなるのが嫌なのでと、ご家族から依頼を受けました。この場合は亡くなる前に型取りなどをして作成をしました。

また、食べる時にだけ必要と思われがちな入れ歯ですが、足腰が悪い人がリハビリに行く時にも、必ず入れ歯を入れておくように伝えています。

運動する時は、奥歯にぐっと力を入れることも多いですね。

リハビリでも同じで、歯がないと、上手く力が入りません。入れ歯を入れておけば、その噛みしめる力が強くなるので、リハビリの効果も出やすいのです。

ただし、入れ歯を使えそうにない方には無理に作るのをお勧めしません。認知症が進行し、入れ歯を入れ歯と認識しない方や、お口の機能が低下して、入れ歯を入れるとかえって食べにくい方です。

では、夜寝る時の入れ歯はどうしたらいいのでしょうか。寝る時は、できるだけ外したほうがいいでしょう。実は寝ている間に入れ歯が外れるということがよくあるのです。

東日本大震災以降、いざという時に入れ歯がないと困るということで、はめたまま寝る方も増えました。

そういう方には「枕元に入れ歯を置いて寝てね」とお伝えします。起きた時に近くにあれば、まだ安心ですからね。ただ、入れ歯を入れていないと不安だという方や入れ歯を外すと残っている歯で歯茎を傷つけてしまう方、入れ歯を入れたままのほうが夜間の誤嚥がない方には、入れたままで過ごしてもらっています。

入れ歯も総入れ歯から部分入れ歯まで、大きさがまちまちです。総入れ歯の場合は、そのまま気道をふさいで、窒息する危険性もあります。また、小さければ小さいほど、飲む確率が高くなります。

小さい入れ歯を飲み込んだ場合、バネがありますので、胃の上や腸の途中に引っかかると、内視鏡で取らなければなりません。

以前担当していた施設の患者さんが、入れ歯を飲んでしまい、救急車を呼んだと連絡が来たことがありました。

「入れ歯を飲んでしまったのですが、どんな形をしてますか？」と、聞かれました。

おそらく、運ばれた病院で、レントゲンなどを撮って、入れ歯がどこにあるのかを特定するために、形の確認の連絡をしてきたのだと思います。

先日も、個人宅の患者さんが入れ歯を飲んでしまったようだと、ケアマネージャーさんから、慌てて連絡が入りました。でもそれはすぐに、喉に引っかかっていたと報告が入り、事なきを得ました。

このように、何かトラブルが起きた際、ヘルパーさんやご家族がそばにいれば、すぐに処置が可能ですが、ひとりでいる時に起こると大変です。

入れ歯の取り扱いや調整は、事前にきちんとしておくことが大切です。

# 正しい「入れ歯」のお手入れ方法
## ～長く上手に使うために

入れ歯もご自身の歯と同じで、毎日のお手入れが大切です。きちんとお手入れをすれば、長持ちします。

入れ歯に関しては、新しいものが必ずしもいい、というわけでもありません。

患者さんの中には、新しい入れ歯を作ったのに、結局口になじまず、古いものをそのまま使用しているという方もいます。そうなってしまうと、せっかく作ったのに、もったいないですね。

入れ歯も道具になります。壊れることもありますので、修理などしながら、ご自身にあった入れ歯を長く使用されたほうがいいかもしれません。

入れ歯のお手入れ方法には、実は注意してほしいことがいくつかあります。特に注意してほしいのは、次の3点です。

○歯磨き剤で磨かない
○熱湯で洗わない
○洗面台などに落とさないようにする

入れ歯はまず、手に持って、流水でぬめりや食べかすを洗い流してから、ブラシで磨くと効果的です。

ただし、歯磨き剤は使わず、水だけで磨いてください。歯磨き剤を使ってしまうと、研磨剤で入れ歯の表面に傷がつき、色や菌が付きやすくなります。もしどうしても使用したいなら、入れ歯専用の洗浄剤を使うほうがいいですね。

熱湯で洗うのもやめてくださいね。実は入れ歯は熱に弱く、変形してしまう可能性があります。

また、洗面台などに落としてしまうと、割れる可能性もありますので、手で持って洗う時は、水を張った洗面器などを下に用意しておくといいですね。


入れ歯を磨く時のブラシは、古くなった歯ブラシでもいいですし、入れ歯用のブラシもありますので、そういった専用のものを使うのもいいですね。

入れ歯専用のブラシは、大きさの異なる2種類のブラシが付いており、場所によって使い分けられます。歯磨き用の歯ブラシよりも少し毛が硬いです。

大きいブラシのほうは、入れ歯の表面や平らな部分など、全体的に磨くのに使って、小さいブラシのほうは、入れ歯を固定するバネや歯のくぼみなど、細かい部分を磨くのに使うといいでしょう。

また持ち手も普通のものより太めなので、握りやすく、磨きやすいです。

入れ歯の保管方法としては、容器に水を入れて、その中につけて置くのがいいですね。

患者さんの家を訪問すると、たまに入れ歯が見つからないことがあります。

「どこいったんだ?」と思って探すと、大抵、グラスの中に水と入れ歯を入れて、冷蔵庫の中にありますね。特に冷蔵庫で冷やす必要はありませんので、邪魔にならないところに置いてくださいね。

また、入れ歯を入れる容器の水は、毎日交換してください。

水に入れ歯の食べかすなどが浮いてくるようであれば、磨き方が足りないということになりますので、もう少し念入りに磨きましょう。

入れ歯の消毒については、市販の薬剤を使うといいですね。

メーカーによっては毎日使用したほうがいいとありますが、特に決まりはありません。

最低でも週に3回ほど、やればいいと思います。

入れ歯をしていて、ぐらつくという方は、補助的に安定剤を使ってもいいと思います。

入れ歯が安定しないということは、先述した通り、唾液が少なく、口の中が乾きがちの方や、歯茎や弱って、山がなく平らになっているような方です。

きちんと、歯茎の土手が高くなっていれば、設置面積が広いので、入れ歯もくっつきやすいと言われています。

逆に、平らな歯茎だと、入れ歯がただ乗っているだけの状態なので、口を動かしたり、舌がぶつかったりすれば、外れてしまうこともあります。

また歯茎が痩せて合わなくなった方は早めに歯科医師に相談してください。無理に合わない入れ歯を使っていると、歯茎に傷がつき口内炎ができてきます。

初めて入れ歯を使う方は、いろいろと不安なこともあると思います。

もちろん、入れ歯の出し入れの仕方もご説明して、一緒に練習もしますし、お手入れ方法なども説明させていただいています。

どんな小さなことでもいいので、分からないことがあれば相談してくださいね。

# 今日からできる「口腔ケア」
## ～おすすめケアグッズ

訪問歯科がない日は、できるだけご家族の方や介護の方が頑張って、口腔ケアをしていただけると、歯の状態はとてもいいものになります。

「実際、どういう風にケアをすればいいの？」と思われますね。

ここでは、基本的なケアの仕方とお勧めの口腔ケアグッズについてお話ししたいと思います。

まず、うがいができない方は、歯磨き剤を使っての歯磨きは難しいので、口腔ケア用の保湿剤を使って、口の中を綺麗にしてあげるといいですね。

保湿剤のほうが、ジェル状になっているので、汚れをふやかして、絡めて取ってくれます。

自分で歯磨きができない方の口の中は、乾燥した汚れや食べかすなどがたくさんついているので、ジェル状のほうが綺麗にしやすいです。

保湿剤を使う量は、その口の中の汚れによって違ってきます。歯や歯茎だけではなく、上あごや頬の内側、舌の上も綺麗にしていただきたいので、汚れが強い時は、多めに使ったほうがいいかもしれません。この保湿剤自体は、飲み込んでも特に問題ありません。

無香料の他、フレーバーもいくつもあるので、わたしは患者さんの口の状態に合わせて、何種類か取り揃えて使っています。


また、寝たきりの方で口が開いたままの方などは、口腔ケアの最後に保湿剤をうっすら塗ってあげることで、乾燥防止をすることもできます。

その時に「スポンジブラシ」を使っていただくと、とても塗りやすいです。

このスポンジブラシは、歯ブラシで歯を磨いた後に汚れを回収する時に使います。粘膜のマッサージにも使います。

いくつか種類がありますが、わたしは柄がプラスチックになっているものをお勧めしています。プラスチックであれば、洗った時に水を吸わないのでしっかりしています。

柄が紙のものもありますが、紙だとやはり耐久性が弱いですね。

他にお勧めの口腔ケア用品としては、「タフトブラシ」があります。

根っこだけ歯が残った方や、歯が1本だけ残っている方などは、普通の歯ブラシだと磨きにくいので、このタフトブラシで一本づつ磨いてあげるといいですね。

また、歯の矯正をしている方もワイヤーの下などをこのタフトブラシで磨くと、磨きやすいです。

それから「舌ブラシ」も便利です。

これは舌に付いた汚れを除去するものです。

最近は若い人でも、意識して舌を綺麗にする人も多いですね。若い人はよく口を動かしますので、それほど心配することはないと思いますが、寝たきりの高齢者は特に固いものを食べず、おしゃべりもしないでいると、舌に汚れがたまってきて、白くなってきます。

これを「舌苔（ぜったい）」と言います。

舌苔とは、舌表面に付着した上皮から剥れた垢のことで、歯に付着する歯垢と似ており、細菌が潜んでいることもあります。舌苔を放置した場合、味覚異常や舌炎の原因になると言われています。

口腔ケア時に、舌の色のチェックもしてもらって、白くなってきたと思ったら、舌ブラシで優しく除去してあげるといいですね。

高齢者は歯と歯の隙間が広くなっている方が多いので、歯間ブラシも使うと便利です。

もうひとつ「吸引歯ブラシ」というものがあります。歯ブラシに吸引機につなげるチューブが付いているものです。

吸引機と接続することで、ブラッシングと同時に口の中の汚れや唾液を吸引することができるので、ご家族や介護者がおひとりで口腔ケアを行う場合、誤嚥を防ぎながらやさしく歯磨きができます。

これはあくまでも口腔ケアが目的ですので、医療行為には当たりません。誰でもお使いいただけるものになっています。

これらの口腔ケアの道具は、使った後はよく洗い、乾燥させてください。介護用品売り場やドラッグストア、ネットでも購入できます。日々進化していますので、ご自身で使いやすいものを見つけて、上手に使用できるといいですね。

訪問歯科
コラム④

# 「やっぱり歯が命！～インプラントとホワイトニング」

「インプラント」という言葉をよく聞くようになったのではないでしょうか。

これは、失われた歯の場所に、歯根の代わりになる人工の根（インプラント）を埋め込み、その上に人工の歯を取り付ける治療法のことです。

1本歯が無くなったら、両脇の健康な歯を削って、ブリッジを取り付ける必要があります。でもインプラントであれば、抜けたところの骨の部分だけ、ドリルで穴を開けて、人口の根を埋め込めますので、両脇を削らないでいいというメリットがあります。

ただ、歯茎と人工の根はくっつかないので、隙間ができます。ここに汚れがたまると歯茎だけでなく、歯の骨に炎症が起きるので、定期的にメンテナンスをする必要があります。

最近はインプラントの入れ歯もあります。この場合も何か所か歯の骨に穴を開け、人工の根を埋め込む手術が必要となり、とても体力が必要です。高齢者はもちろんのこと、持病を持っている方は、インプラントには慎重になったほうがいいですね。

そしてもうひとつ「ホワイトニング」も、よく耳にするようになったのではないでしょうか。これは、黄ばんだ歯を、薬剤を使って白く綺麗にするものです。

歯は加齢によっても変色しますし、ワインやコーヒーやお茶、たばこなどでも変色していきます。やっぱり笑った時に、歯が白く輝くといいですよね。最近は若い人も、エステ感覚で、ホワイトニングをする人が増えています。

歯科医院でもできますし、ホームホワイトニングといって、家でもできます。その場合は、ホワイトニングジェルを塗布したマウストレーを口にはめるような形を取ります。訪問先でもホワイトニングを希望される方がいますが、ご自分で管理ができない方が多いのでお断りさせてもらっています。

ホワイトニングをすると、歯の表面がコーティングされ、つるんとして、着色もしにくくなります。ただ、虫歯は特に防げません。使う薬剤やその方の食生活にもよりますが、一度行えば、だいたい3～4か月は効果が維持するようです。どちらも自費診療になりますが、まずはこういったところから、歯に興味を持つのもいいですね。

# 5章 訪問歯科医のやりがいとこれからの夢

# 「訪問歯科医」としてのやりがい
## ～「ありがとう」と言われる喜び

わたしはたまたまご縁があって「訪問歯科」の世界へ飛び込みました。

その時は、仕事と子育てとの両立もありましたので、初めこそ「時短で働けるなら」という軽い気持ちではありましたが、今になってみると、訪問歯科はわたしにぴったりの仕事なんだと、心から思います。

訪問歯科医としての、一番のやりがいは、やはり、「たくさんの人から『ありがとう』と言ってもらえること」だと思います。

訪問歯科を知らない方もまだまだいて、

「歯医者さんが家に来てくれた！」というだけで、とても感激してくださる方も多く、実に98パーセントの方たちが感謝をしてくださいます。まれに「来てくれて当然でしょ」という方もいらっしゃいますが……。

その感謝いただける度合いが、一般歯科をしていた頃よりもずっと、高いと感じるのです。

感謝していただける理由としては、

「患者さんの生活のクオリティ（QOL）が、確実に上がっている」

というのを、実感いただけているからだと思います。

それまで歯が悪くて柔らかいものしか食べられなかったのに、歯が良くなったことで、

「固いおせんべいを食べれたよ！」

「好きなお肉が食べられるようになったよ！」

というお声をいただくと、本当に嬉しくなります。


もちろん、残念だなと思うこともたくさんあります。高齢の患者さんが多いので、お元気な状態のまま、訪問診療が続くわけではありません。

突然亡くなってしまう方もいますし、急に病院に入院される方や施設に入られる方もいます。時々ご家族やケアマネージャーさんから、

「ご本人が亡くなりました」

「入院になったので、訪問はいりません」

などと、連絡が来ます。そうなると、患者さんとは最後の挨拶はできずに、訪問がなくなります。

前もって、○月○日に施設に入所、と決まっている場合であれば、

「今日で最後だね」

という言葉を交わすことはあります。

中には、施設に入ることを嫌がる患者さんもいるので、そういう時は、本人には施設に入ることを知らせず、わたしたちだけが知っていることがあります。

そういう時は素知らぬ顔をして、いつもと同じように診療をして終了となります。

長い間治療している方だと、「今日で最後なんだな」と寂しくなる時もあります。

訪問歯科という特性上仕方がないのですが、やはりみなさんを元気な姿に完全に戻してあげられないのは、とてもはがゆいですね。

また、一緒に働くクリニックのスタッフたちも、訪問歯科の仕事にとてもやりがいを感じてくれています。

特にわたしのクリニックは、訪問歯科をメインとしているので、初めからそれを希望して来てくださる方も多く、みなさんモチベーションも技術も高い人が多いです。

同じ志を持った仲間と一緒に仕事ができることも、とても幸せなことですね。

ちなみに、わたしと一緒に仕事をする歯科衛生士は、歯科医師同様、国家資格になります。

高等学校卒業後、歯科衛生士養成機関（専門学校、短大、大学）において、3年以上勉強してから、試験を受けています。

それらの学校では、訪問歯科の実習もあり、老人ホームなどの介護の現場の研修も行っていますので、きちんと訪問歯科の知識を持って衛生士になっています。

ただそれだけでは、不十分なところはありますので、それぞれ経験を積んで、最終的に「やっぱり訪問歯科をやってみたい」と強い気持ちを持つ方が多い印象です。

わたしの場合は、歯科医師になってから、訪問歯科について、より勉強する機会を増やしていきました。セミナーに行ったり、本を読んだりして知識を増やしました。

やはり同じ歯科医師でも訪問の知識があるとないとでは、できることが違ってきます。

それから訪問歯科医として経験を積む上で、「出会い」もとても大きかったです。

まだ訪問歯科をやり始めの頃、とてもベテランの衛生士さんがついてくれました。やはりベテランの方がついてくれると、とても心強いですね。

その方は当時のわたしよりずっと、訪問歯科についての知識が豊富でした。

ある時、わたしがある治療をしようとしたところ、

「それ、危ないですよ」

と、事前に教えてくれたのです。

その言葉で、わたしもはっとして、軌道修正をして、特に大事には至りませんでした。もしその一言がなかったら、患者さんに迷惑をかけていたかもしれません。彼女には今でも感謝しています。

また訪問の場では患者さんだけの対応ではなく、周りに関わっているご家族、訪問の先生、ケアマネージャーさん、看護師さん、ヘルパーさんなど、たくさんの方々との連携のおかげで成り立っています。

一般歯科では問題ないことでも、訪問の患者さんだと不都合になることは多々あります。でも、経験を積んでそれらをひとつひとつクリアしていくことも、やりがいのひとつなのではないかと思います。

## やっぱりこれは職業病!?
## ～普段から気になってしまうこと

毎日他人の「歯」を見ていると、どうしても、仕事以外でも他人の「歯」は気になりますね。職業病かもしれません。

まず、テレビを見ていれば、芸能人の方の歯並びや歯の色が気になります。

さすが、人前に出る仕事だけあって、みなさんとても綺麗にお手入れされていますね。やはり、歯が綺麗だと清潔感があります。中には歯が真っ白過ぎるなという方もいらっしゃいますが、それはそれでいいのかもしれませんね。

その中でも、一番気になったのはよくテレビで見る方です。

その歯の色を見て、歯科医仲間とは「まるで便器の白だね」と話をしていました。どうやら本人も、そのように公言されていたとか、いないとか。

みなさん自費でメンテナンスをされていると思いますので、ご自分の好きな素材や色の歯を使われているのでしょう。それだけ歯に対して意識も高いということですから、とても素晴らしいことですね。

また、普段の生活で気になることは「口臭」です。

混雑した電車に乗っていると、どうしても人が密集して隣の人と近くなるので、特に気になります。

思わず「これは、歯周病だな！」と思うこともあります。

実は「歯周病のにおい」ってあるんです。

口臭の大半は歯周病が原因です。それにたばこのにおいが混じると、もう耐えられないほどの臭さとなります。

「すぐに、歯医者に行ってください！」

と、心の中で叫びます。さすがに面と向かっては言えませんからね……。

ただ、口臭が強い方の中には、内臓が悪い方もいらっしゃいます。口臭が出ているということは、身体からのサインです。

なにかしら不調が出ているということなので、本人が気付いてないようであれば、家族や周りの方が教えてあげるのがいいですね。

そして適切な医療機関にかかってください。

歯科医師としては、やはり自分の歯のチェックも怠りません。やはり歯科医師自身の歯が綺麗じゃないと、説得力がありませんからね。

さすがに自分で自分の歯のクリーニングはできませんので、友人の歯科医院に行って、定期的にメンテナンスをしてもらいます。

歯科大学卒業ですので、当然ながら、同級生はみんな歯科医師です。

わたしもそうですが、実家が歯科医院だから歯科医師を目指したという人は結構多いですね。大学卒業後は、勤務医や開業する人もいますが、実家の歯科医院を継ぐという人も相当数います。

やはり近しい歯科医師の腕はよく分かりますので、誰かから、

「どこかいい歯医者さん知りませんか？」

と聞かれたら、信頼のできる同級生や先輩の歯科医院を紹介しています。

みなさん仕事が忙しいので、そう頻繁に会うこともありませんが、たまに会えば、至って普通の会話を楽しみます。治療のことを少し話すことはありますが、ずっと歯について話すことはないですね。

家でもそうです。子育て中も、特に子供の歯にこだわって何かしたということはありませんでした。普通のご家庭と同じように、歯磨きをさせていたくらいです。歯磨きの習慣はしっかり身に着けてもらいました。

ただ、歯磨き剤について、こだわりを持っています。

仕事柄、良さそうな歯磨き剤の情報を仕入れたら、一度は使ってみます。

サンプルをもらえば、家族にも「使ってみてね」と声をかけて、後から感想を聞いたりしています。

歯磨き剤にこだわる理由としては、やはりいい成分のものを使いたいということと、身体に負担のない物を選びたいということです。

なかなか、歯磨き剤の箱に書いてある成分まで見ることはないと思いますが、一旦気になると、くまなくそれらを見てしまいますね。

歯科医院でも歯磨き剤や歯ブラシを販売しています。歯のメンテナンスに熱心な方は購入されますね。

毎日使うものなので、高価な物を使うのは、難しいかもしれませんが、化粧水や美容液を使うのと同じように、歯にもこだわりをもって、いい歯磨き剤を使うのもひとつなのではないかと思います。

ちなみに、「洗口液（マウスウォッシュ）」は効果があるのですか？」

と、聞かれることもあります。物によっては効果があるものもあります。

以前、訪問先の患者さんで、どうしても歯磨きをしたくないという方がいました。うがいはできるというので洗口液を試してもらったところ、プラークの付き方が少なくなったということがありました。

歯磨きをしたくない人に無理やり歯磨きを強要しても続かないので、そういう方には洗口液を試してもらうのもありだと思います。

マウスウオッシュで気を付けてもらいたいことは、高齢者は口の中が乾きやすいのと粘膜が弱っている方が多いので、アルコールが入っていないものを選んでください。アルコールが入っていると口が乾きやすくなります。

## 体は意外と毒を吸収してる!?
### ～「経皮毒」とは

「経皮毒（けいひどく）」とは、なんだかご存じですか？　あまり聞きなれない言葉ですね。

まず、口から入る毒を「経口毒（けいこうどく）」といい、口腔粘膜を含む、皮膚から吸収される毒を「経皮毒」といいます。

経口毒の約90％が解毒されて排出されるのに比べ、経皮毒の約90％は体内に蓄積されると言われています。

では、ここでいう「毒」とはどういうものでしょうか。

それは、普段から生活に使われている洗剤やボディソープ、シャンプー、そして歯磨き剤などに含まれる有害な化学物質のことです。

それらは脂肪に溶けやすく、特に腎臓や肝臓に負担をかけると言われています。

「粘膜から、そんなに吸収してしまうものなの？」と思われるかもしれませんが、よく喘息の薬などで、皮膚に貼って使うお薬があります。

そういうものも、結局吸収がいいので、薬として使用できるのです。

心臓の薬は緊急の時に舌の下に薬を入れますよね。口の中の粘膜は吸収が早いということです。

次に、経皮毒の吸収の割合が、実際どれくらいあるのか、身体の部位で比べてみます。

「経皮毒」の吸収の割合

| | |
|---|---|
| 頭 | 3・5倍 |
| 頬 | 13倍 |
| 首 | 6倍 |

| | |
|---|---|
| わきの下 | 3・6倍 |
| 腕の内側 | 1倍 |
| 腕の外側 | 1・1倍 |
| 背中 | 1・7倍 |
| 手のひら | 0・8倍 |
| 足首 | 0・4倍 |
| 足の裏 | 0・1倍 |

これを見ると、身体の部位により吸収率が異なることがよく分かります。

食べ物以外で口に入れるものと言えば、歯磨き剤です。

歯磨き剤に含まれる成分によっては、アレルギー反応、刺激、歯や歯茎の損傷を引き起こす可能性があります。

そのあまりよくない成分のひとつが「発泡剤（界面活性剤）」です。

これは、歯磨き剤をはじめ、ボディソープやシャンプーに使用されています。泡立ちをよくするために必要なのだと思いますが、時には、身体に悪影響を与えることもあります。

身近なところで言えば、歯を磨いた後に食事をすると、なんだか味が変わるということはありませんか？　それは、発泡剤が舌の味蕾細胞（味を感じる細胞）を一時的に溶かしているからと言われています。

発泡剤として、よく使われているのが「ラウリル硫酸ナトリウム」です。

多くのメーカーの歯磨き剤に使われており、安価な物にはほとんど入っています。これはあまりお勧めできない発泡剤のひとつです。

口の中を乾燥させたり、口腔粘膜を剥離させたりする可能性があります。

さらに、長年使用していると、味覚の低下も引き起こす可能性があると心配されています。

特に高齢の方は粘膜自体刺激に弱くなってきますので、歯磨き剤を使用して痛そうだなという場合は、少し気をつけたほうがいいでしょう。

歯磨き剤の箱や本体には必ず成分が記載されています。それを確認していただければ、どんな発泡剤が入っているか分かりますので、気になる方はチェックしてみるといいですね。

それから、よく虫歯予防に使用されている「フッ素」にも様々な見解があります。最近はフッ素配合の歯磨き剤も増えました。

フッ素は、エナメル質を強化し、再石灰化を助ける働きがあると言われており、たくさんの専門家の方がその有効性を認めています。

一般的に、適切な量を使用していれば、もちろん安全ですが、過剰に使用したり、それに慢性的にさらされていると、歯の変色を引き起こす「歯のフッ素症」になる可能性があります。

まれに、骨や関節に影響を与えることもあり、より重篤な状態である「骨格フッ素症」

を引き起こすこともあるようです。

毒と言われてしまうと、怖い印象はありますが、すぐに何かが起こる、ということではありません。ただ高濃度で長時間使用することで、その毒が身体に蓄積したり、弱っていると、タイミングによっては、身体に不調が出る可能性があるということです。

それぞれメリット、デメリットはありますので、それらをまずは知っていただくのが大切なのではないかと思います。

やっぱり自分の身体を守るのは自分自身です。

様々なところにアンテナを張って、健康でありたいですね。

## 時にはスナックでセミナーも
## 〜訪問歯科を広く知ってもらうために

今後、どうやってたくさんの人たちに「訪問歯科」を知ってもらうかが、大きな課題だと思っています。

これまで、講義やセミナーの講師を何度か務めたことがありますが、その多くは介護施設などからの依頼で、すでに介護職についている方たちへの発信ばかりでした。

そういう方たちは仕事柄ある程度、訪問歯科への知識をお持ちです。

そうではなく、介護にまったく触れていない方たちや、そろそろ親の介護の心配をし始めるような世代の方たちに向けて、もっと働きかけたいと思っています。

その第一弾として、先日初めて、東京・江東区のとあるスナックで、セミナーをやらせていただきました。

タイトルはズバリ、「口からの健康・老後の資産形成～人生100年時代を豊かに生きるために必要な『健康』と『お金』」です。

やはり老後に大切なものは「健康」と「お金」ですからね。

堅苦しいセミナーではなく「楽しく老後を過ごせたらいいね」というコンセプトで、わたしが「健康」について話をして、もうひとり、一緒にタッグを組んだ、ファイナンシャルプランナーのSさんが「お金」について話すという企画でした。

日本は、「人生100年時代」と言われて久しいですね。

厚生労働省の「簡易生命表（令和5年）」によると、2023（令和5）年の日本人の平均寿命は男性が81・09歳、女性が87・14歳になったそうです。しかも、前年の2022（令和4）年と比較して男性は0・04年、女性は0・05年上回ったそうです。

この先、どれだけ平均寿命は上がっていくのでしょうか。

どんどんいい薬ができて、人はちょっとやそっとじゃ亡くならない時代に突入しました。でもいくら長生きしても、寝たきり状態では困りますよね。

そうならないために、どう元気に健康を保つのか、どうお金を貯めて使っていけばいいのか、ということを分かりやすくお話ししたのです。

そもそも、なぜこのセミナーをすることになったかというと、会場を貸してくださったスナックのオーナーが、海洋散骨の事業をされている方で、以前から、江東区の医療者や介護者の交流会の場所を提供してくださっていて、わたしもそれに参加することが度々あり、もともとオーナーとは顔見知りだったのです。

Sさんともその交流会で面識がありました。ある時、Sさんから、

「一日ママをするイベントをするんだけど、先生も一緒にどう?」

とお声がけいただいたのです。

このスナックは「終活スナック」と銘打って、人生の終わりについてみんなで楽しく話しましょうよ、というコンセプトで運営されています。

わたしもセミナーをする前に、一度このスナックにお伺いしました。お客さんは業界の

方だけでなく、学生さんもいらっしゃってました。

実はこのスナックでは、普段から「棺桶入棺体験」なども実施しています。

棺桶に入った感覚って、ほとんどの人が知りませんよね？　それを、意識のある今のうちに、一度体験してみましょう、という趣旨で行われています。

自分の最後のセレモニーにこだわりたい方もいらっしゃいますから。そういう方は事前に一度体験してみるのもいいのかもしれませんね。


セミナーはもともとこのスナックを知っていた方や、終活に興味のある方、わたしたちの知り合いづてに情報を聞いて来てくださった方が多く、みなさん健康の話もお金の話も、どちらも熱心に聞いてくださいました。

お酒も飲みながらの雰囲気もよかったようで、

「とてもためになった」「今後のことを考えるいいきっかけになった」

などと言っていただけて、まずはやってよかったなと思いました。

若い世代だと、まだ自分の死や老後について、具体的に考えていない方も多いでしょう。それは仕方がないと思います。実際、わたしも昔はそうでしたから。

どんなきっかけでもかまいません。それをふと思ったり、考えだしたりした時からでいいので、近い将来の健康やお金、老後や終活についてなど、意識して情報を得るようにしてもらえればと思います。

高齢化社会は加速していきますので、必要な情報は自ら得ていかないと遅れていきます。

そして、そこからまたご友人やご家族にその情報が広がっていけばいいなと思います。

今回のセミナーは、わたし自身も勉強になり、とても楽しかったので、機会があれば、第二弾、第三弾と続けていければと思っています。

# 「訪問歯科」の未来はどうなる!?
## ~団塊の世代が高齢化を迎えて

これからの訪問歯科は、ますます需要が増えていくと考えられます。

ありがたいことにわたしのクリニックでも、ここ数年、訪問の依頼件数は毎年増え続けています。

やはりそこには「2025年問題」が影響していると思います。

2025年問題とは超高齢社会が訪れることで生じる、様々な影響のことを言います。

その代表的なものとして、団塊の世代が75歳以上の後期高齢者となることが挙げられ、2025年には後期高齢者の人数が、2000万人を超えると言われています。実に5人に一人が後期高齢者となるのです。

また、その団塊ジュニアの世代が2040年には高齢者となってきます。

すると、２０４０年には、日本の高齢者人口が全体の約35％を占めると予測されており、これを「２０４０年問題」と呼んでいます。

とにかく今の日本は、高齢者が増えていくばかりなのです。

結局、若い労働力も減るため、病院や介護施設の職員の人手不足も深刻化し、さらに社会保険の財源も限界があります。

今後はおそらく入院日数なども制限され、ある程度病状が落ち着けば、病院から出され て、あとは家で家族が見るというのがもっと増えていくことでしょう。

そうなると、訪問歯科などの介護サービスをより上手に利用することが必要となってくるのです。

この２０４０年に向けて、日本歯科医師会では、次のような大きな5つの柱を立てて、その問題に向きあっています。

○健康寿命の延伸に向けた疾病予防・重症化予防に貢献する
○地域を支える歯科医療を推進する
○質が高く効率的な歯科医療提供体制を確保する
○個人の予防・健康づくりをサポートする
○多様なニーズに応え社会貢献を果たす

訪問歯科への取り組みについてもかなり具体的に提言がされています。

現状、訪問歯科診療を行っている歯科医院は全体の約2割に過ぎないということで、この数字を向上させ、2040年までに実施率を全国平均で40%以上になることを目指すとしています。

国も、一般のみなさんに訪問歯科を広めようとあれこれ策を練っていますが、その認知度はなかなか上がってこないのが現実です。

また国は、歯科医院が訪問歯科を行う際は、毎日の一般診療の合間に訪問を行うよう求めていますので、これもなかなか、訪問歯科自体が普及しないひとつだと考えられます。

2040年まで、もう15年しかありません。

待ったなしの状況なのは言うまでもなく、さらにこの問題は、そこで終わるわけではないので、その先を見据えた取り組みが必要だと思います。

とはいえ、その取り組みとともに、元気な高齢者を増やす努力も必要ではないかと思います。お世話を受けずに自分で生活ができれば、こういったサービスを受ける必要がありません。

もちろん今でも、最後までお元気に生活されている方もいらっしゃいます。

あるおばあさんは前日まで元気に過ごしていらして、その日の夕飯も自分で作って食べ、残り物を冷蔵庫にきちんとしまって、その夜ベッドに入ってそのまま静かに亡くなった、という方がいらしたそうです。こういう最後は、ある意味理想だと思います。

先述した「フレイル」の段階で、衰えをなんとか食い止めることが大切です。

自立した時間が長ければ長いほど、介護をしてもらう時間が減りますので、ご本人もご家族も心穏やかな時間が増えることでしょう。

そのためには、まずは歯を健康にして、栄養あるものを食べて、元気でいましょうということにいきつくのです。

健康でいれば、もちろん医療費の削減にもつながります。

正直、若いうちは美容室やネイル、エステは足しげく通うのに「どうして歯医者には行かないの？」と思ってしまいます。

「歯医者に行って、検診を受けたらどうかな？」と言いたいですね。

保険もききますし、それによって、認知症も防げるかもしれませんから。

口を健康にすることで、日本の未来はもっと明るくなるのです。

ただ、歯科医がこういうことを一生懸命唱えていても、どうしても「また言ってる」程度にしか思われません。

最近は、歯に対して意識の高い方も増えていますので、そういった影響力のある人たちと一緒に、啓蒙活動をしていければ、さらに広い世代の方たちに、この思いが通じるのではないかと考えます。

また国には、ぜひ介護の分野に対しての補助を手厚くしてほしいなと思います。子育て世代に対しての給付金などは充実している印象です。

当然、これからの国を守っていくのは、子供たちであり、その子供たちを増やさないと、根本的な解決にはなりません。

ただこれまで日本を支えてくれた高齢者のフォローも、同時にやってもらえるとさらにみんな幸せになれるのではないかと思います。

高齢者のおひとりおひとりが、みなさんのお父さん、お母さんなのですから。

# 若い歯科医師たちに期待すること

## ～若手女医の奮闘

歯科医師になるためには、大学の歯学部で6年間勉強し、歯科医師国家試験に合格しなくてはなりません。

2024年の試験結果を見ると、全体の合格率は66・1％で、2060名の合格となっています。だいたい毎年、これくらいの人数の新しい歯科医師が生まれています。

晴れて国家試験に合格すると、研修医を経て、それぞれ勤務医や実家の歯科医院を継ぐなど、進路が分かれていくわけですが、すぐに訪問歯科への道を選ぶ歯科医師は、ほとんどいません。

訪問歯科は、ある程度の経験がないと、即戦力として働くというのは難しいので、仕方がないことだと思います。

ただ診療室のなかでの診療とは違った魅力もあります。患者さんおひとりおひとりに深く関わることができ、その方の生活そのものに入っていって治療ができることです。

現在、街中には歯科医院が溢れています。

東京だと、大きな通りに何軒も歯科医院が並び、コンビニエンスストアよりもたくさんある印象ですね。

でもこれも、あと十数年したら、減ってくると言われています。

団塊の世代が引退するということもありますし、何と言っても、人口が減って、患者さんの数自体も減ってくるからです。

実は歯科医院を開業するのには、とてもお金が掛かります。

治療の機械やユニットを揃えるだけで、何千万と初期費用が掛かります。機械のリースをする歯科医院も多いようですが、掛かる費用はそれ以外にもいろいろあります。

満を持して開業したのはいいものの、その費用を回収できず、夜逃げしたという歯科医師の話を聞くこともあります。生き残りは大変です。
なんとか他と差別化を図るために、あれこれ工夫している歯科医院も多くあります。
例えば、インプラントに特化するとか、訪問歯科に特化するなどです。

患者さんの獲得もそうですが、もうひとつ心配になるのが、歯科医師をどう確保するのか、というのも大きな課題です。

わたしのクリニックに以前若手の女性歯科医師がいたのですが、とてもガッツがあり、勉強熱心な先生で、研修として一緒に訪問診療に行きました。

その先生が一緒に行くようになってから、特におじいさんたちの態度が一変しました。

ある認知症のおじいさんは、これまでわたしや衛生士の言うことをあまりよく聞いてくれなかったのに、新しい先生が、

「お口を開けてくださいね」

と言ったら、見たことないくらいの大きな口を開けたのです!

その日はちょうど、入れ歯の修理が必要で、型取りをしないといけなかったのですが、

「今日も手こずるかな」

と思っていたところ、ぱーっと大きな口を開けて、あっという間に型が取れました。

結果としてよかったのですが、思わず一緒にいた衛生士と、

「これまでのわたしたちの苦労はなんだったの?」

と笑い合いました。


その後も、そのおじいさんは毎回ご機嫌に治療を受けてくれるようになりました。

きっと、若くて綺麗な先生が来てくれて、気分も上がったのでしょうね。その様子を見ていたら、とても人間らしくていいなと思いました。

そういう気持ちはいくつになっても持っていてほしいですからね。

もちろん、若くて綺麗ということだけでなく、その若い先生の声掛けの仕方や、治療の仕方も丁寧だったので、おじいさんも安心したのだと思います。

若い先生がいてくれると、わたしたちも刺激になり、もっとがんばらないとと思わされます。

若い先生は特に、一生懸命技術を習得しようとしてくれますし、何よりも、今後の訪問歯科を背負ってもらわないといけません。

おそらく「訪問歯科って大変なんでしょ?」と敬遠している若い歯科医師も多いと思います。そういう方たちには、それ以上に、やりがいと達成感があるということを、ぜひお伝えしていきたいですね。

# おわりに

この本をお読みいただき、だいぶ「訪問歯科」について、また歯を健康にする大切さを、お分かりいただけたのではないでしょうか。

おそらくこれまで以上に、歯や口の中のメンテナンスに力を入れなきゃと思っていただいたかと思います。

ぜひ、この本で手に入れた情報は、ご家族や近しいご友人にお話ししてください。

身近な人から話を聞けば、きっと訪問歯科を利用してみよう、歯科医院にもう少し頻繁に行ってみよう、と思う方も増えるはずです。

また、先日朝の情報番組で「オーラルフレイル」について特集をしていました。

芸人さんの漫才で、口の衰えが引き起こす問題について、分かりやすく説明しながら、その衰えを放っておくと、病気での死亡リスクが上がるかもしれない、というようなことを伝えていました。

出演者の方たちは、初めてそういった話を聞いたかのようなリアクションでしたね。おそらく視聴者の方たちも、同じ反応だったのではないかと思います。

テレビの影響力は大きいですので、こういった情報はどんどん伝えてほしいなと思います。たくさんの人が、少しづつ歯の大切さを知れば、将来的に、年を取ってもみんなが元気にいられる社会になるはずですから。

わたしも、訪問歯科に携わり20年となり、ちょうど節目のこの時期に、自身の活動をまとめた本を出せるというのは、とてもありがたいことだなと思っています。

今後はこの本を持って、全国を講演に回ってみたいとも思います。

まだまだ訪問歯科を知らない方がたくさんいらっしゃいますので、ぜひそういった方たちをたくさん集めて、直接お話をしていきたいですね。

それから、次世代の歯科医師にも、これまで培った知識や経験をお伝えする活動をしていきたいです。おそらく若い歯科医師たちは「訪問歯科ってどうしたらいいの？」と思っている人も多いと思います。この本もぜひ読んでいただきたいですし、少しでも興味がある人には、直接働きかけていきたいです。

訪問歯科の魅力は、やはり「やりがい」と「人との出会い」だと思います。

吉永小百合さんが主演で映画化された『いのちの停車場』という小説があります。その作品は、救急の医師がある事情で病院を辞め、地元の診療所で「訪問医」として再出発します。

その診療所では、患者の生き方を尊重する治療を行っており、これまで「命を救う」現場で戦ってきた主人公は考え方の違いに困惑します。

でも、様々な事情から在宅医療を選択し、治療が困難な患者たちと出会っていく中で、主人公は、その人らしい生き方を、患者やその家族とともに考えるようになっていくのです。

この小説を読んだ時「わたしの携わっている仕事と同じだ！」と思い、とても共感しました。訪問にしかできない治療というものがある、ということを改めて考えさせられたのです。思わずクリニックのスタッフにも読むように勧めたほどでした。

これからもっと、家で介護をしないといけない状況が増えていくでしょう。高齢者が増えて、みんな病院から出されてしまうからです。さらに、老人ホームに入れない人もたくさん出てきます。すでに、特別養護老人ホームでは100人待ちとか言われています。

お金があれば、有料の老人ホームやグループホームに入ることもできますが、みんなができるわけではありません。

そうなると、この小説のような状況はどんどん増えていくのです。

わたしたちは食べられる口を作る職業だと思っています。歯を削って詰めて終わりではありません。食べられないなら、なぜ食べられないのかを見つけ食べられるようにする、そして最後まで口から食べられるように伴走することのできる役割があると思います。

体力が続く限り、訪問歯科を続けていきたいですね。訪問歯科を極めることが使命だと思っています。

たくさんの人が訪問歯科を認識してくれて、歯の健康に積極的になることが当たり前の社会になったら、ようやく完全にリタイアができるかなと思います。

その後の夢もあります。まずは、世界中のディズニーランドに行ってみたいですね。夢を叶えた後の夢の国は最高でしょう。

それから、仕事を始めてから近場にしか旅行に行けてなかったので、まずは国内を全県制覇してみたいです。もちろん、海外も回ってみたいですね。

もうひとつやってみたいのは、畑仕事です。

「考古学者になりたい」という小さい頃の夢ではないですが、土いじりが好きなのだと思います。

今はマンションのベランダで、趣味でナスやキュウリ、トマトなどを栽培してますが、

## おわりに

これがなかなか上手くいかないんですよね。なんと、簡単に育てられるはずの大葉すら育たない！　日当たりが良すぎるのか、空気が悪いのか……。

やっぱり、地面で育てないとだめなのかもしれません。こうなったら、実家の近くに畑でも持って、二拠点生活もいいなと思います。

とにかく、やりたいことは次から次へと出てきます。

それらを実現するためにも、今できることを精一杯やって、まずはみなさまのお役に立ってから、自身の老後を楽しみたいと思います。

最後までお読みいただき、ありがとうございました。

令和6年12月吉日

笠松　恵子

著者プロフィール

**笠松恵子**（かさまつけいこ）

栃木県宇都宮市出身 日本歯科大学卒業
2004年より訪問歯科診療を始め、2016年より江東区ユウデンダルクリニック院長に就任。訪問診療20年のキャリアを持つ。現在も訪問歯科医として、地域医療に従事している。人生の終活を健口で健幸な毎日を過ごしてもらうため、口から健康のトータルサポートを目指し、臨床分子栄養学研究会の認定カウンセラーを取得。現代の食事は様々な選択肢はあるけれど、身体に必要な栄養が取れていないことが原因で身体の不調を抱えている人のため、患者のみならず全年齢の人を対象とした、食事と生活のアドバイスを行っている。

---

# 歯《は》医《い》者《しゃ》が家《いえ》にやってくる！

**—「訪問歯科医《ほうもんしかい》」からの、歯《は》の健康《けんこう》アドバイス—**

**笠松恵子《かさまつけいこ》**著

2024年12月3日　初版発行

発行者　磐﨑文彰
発行所　株式会社かざひの文庫
〒110-0002　東京都台東区上野桜木2-16-21
電話／FAX：03(6322)3231
e-mail：company@kazahinobunko.com
http://www.kazahinobunko.com

発売元　太陽出版
〒113-0033　東京都文京区本郷3-43-8-101
電話：03（3814）0471　FAX：03（3814）2366
e-mail：info@taiyoshuppan.net
http://www.taiyoshuppan.net

印刷・製本　モリモト印刷

出版プロデュース　谷口令
出版協力　スギタクミ
装丁　仙次
DTP　KM-Factory


ISBN978-4-86723-181-4